U0639138

本书的出版得到了全国重点马克思主义学院建设、
上海市高校思政课教指委建设立项资助

教育与传播·"近思"文献读本

丛书主编：肖 巍

当代国外经济思想要览

A READER IN CONTEMPORARY ECONOMIC THEORY FROM THE CRITICAL PERSPECTIVE

陈 琳 —— 编

天津出版传媒集团

天津人民出版社

图书在版编目（CIP）数据

当代国外经济思想要览／陈琳编. —— 天津：天津
人民出版社,2019.12

（马克思主义学院望道书系. 教育与传播·"近思"
文献读本）

ISBN 978 - 7 - 201 - 15797 - 9

Ⅰ.①当… Ⅱ.①陈… Ⅲ.①经济思想 - 国外 - 现代
- 文集 Ⅳ.①F091 - 53

中国版本图书馆 CIP 数据核字（2020）第 018736 号

当代国外经济思想要览
DANGDAI GUOWAI JINGJISIXIANG YAOLAN

出 版	天津人民出版社	
出版人	刘 庆	
地 址	天津市和平区西康路 35 号康岳大厦	
邮政编码	300051	
邮购电话	（022）23332469	
网 址	http://www.tjrmcbs.com	
电子信箱	reader@ tjrmcbs.com	
策划编辑	王 康 王佳欢	
责任编辑	王 琤	
封面设计	明轩文化·王烨	
印 刷	高教社(天津)印务有限公司	
经 销	新华书店	
开 本	710 毫米×1000 毫米 1/16	
印 张	16	
插 页	2	
字 数	200 千字	
版次印次	2019 年 12 月第 1 版 2019 年 12 月第 1 次印刷	
定 价	78.00 元	

版权所有 侵权必究
图书如出现印装质量问题,请致电联系调换（022-23332469）

总　序

中国特色社会主义进入新时代,中国与世界的关系在已发生历史性变化的基础上又面临许多新变化新课题。中国积极推进"四个全面"战略布局,努力为促进世界可持续发展提供新动力新方案,积极推进全球治理体系和治理方式的变革。与此同时,为了保证中国发展坚持正确的方向,国家领导人发表了几次很有针对性也很有分量的讲话,并论证了新时代意识形态工作的极端重要性。在这些论述的指导和鼓舞下,意识形态领域出现了令人振奋的新气象。但是如何构建反映中国改革开放和现代化潮流、符合中国特色社会主义建设和发展需要的意识形态,仍然是我们要认真对待并积极做好的事情。

在当代中国,社会主义意识形态必须正视若干挑战:

一是由资本主导的现代生产生活方式的挑战。资本是这个世界上最强势的"物化"力量,科学技术的巨大成就所标榜的所谓"价值中立""工具理性"和效用(功利)主义,往往使人们丧失了对为什么要这样做的价值追问。物质日益丰富和技术更新换代、生活标准的提高、消费观念的刷新,极大地改变了人们的生活方式和消费习惯,通过各种手段刺激起来的消费欲望也在吞噬着劳动的快乐,淹没了人的审美情趣和精神向往,导致出现相当普遍的价值迷失现象。

二是数字技术和网络传播方式的挑战。数字技术发展和网络传播方式增多大大拓展了人们的视野,丰富了人们的精神生活,激活了人们的参与热情,也促使人们对公共话题的思维方式和表达方式发生了很大变化。信息选择多样性和价值取向多元化,在相当程度上冲击了主流意识形态的导向和控制力,弱化了大众尤其是青年人对主流意识形态的认同。网络强大的渗透功能也为各种势力的价值观传播提供了技术条件,"互联网+"时代意识形态建设和社会主义核心价值观培育践行难度不可低估。

三是全球化及其"逆袭"带来的外来思想挑战。冷战终结,直接导致人们对于苏联解体大相径庭的认知和解释,反映了价值观层面的严重困惑。在全球化跌宕起伏的过程中,西方价值观凭借着先进技术和话语权优势,通过各种政策主张有所表现而产生了不小的影响,但由于安全、气候、移民、核控等一系列全球治理问题陷入困境,地方性的民族认同和文化认同遭遇前所未有的危机,催生了新型民粹主义、民族主义和激进主义的思想温床,甚至出现了某些极端势力。

四是与我国发展转型改革开放不适应的各种社会思潮挑战。我国社会基本矛盾已经发生变化,发展不平衡不充分问题尤为突出,利益多元化和价值观疏离也已是不争的事实。文化保守主义刻意强调某些与现代化精神格格不入的东西,并把它们当作抑制现代病、克服人心不古的"良药";历史虚无主义否定历史进程的必然性,否定中国现代化艰难探索和中国革命的伟大意义,否定中国共产党执政的合法性;发展转型还遇到创新能力、改革动力、政策执行力不足的困扰,出现了明里暗里否定改革开放的思潮,以及令人担忧的蔓延之势。

新时代中国特色社会主义致力于解决各种"发展以后的问题",但相对于经济建设、制度建设作为国家建设的"硬件"比较"实",文化建设、意识形态建设作为国家建设的"软件"仍然比较"虚",意识形态建设能否取得实效,既要反映"发展以人民为中心"这个原则,又要用主流意识形态引领各种社会思潮,最大限度地满足人民群众,尤其是青年人的获得感、幸福感、安全感,实现意识形态的"最大公约数",还要靠我们一起努力。

当代中国的意识形态建设毫无疑问要坚持社会主义方向,同时要体现中国特色,弘扬中国精神,还要拥有时代情怀,开阔全球视野。

这样的意识形态建设是"自主"的。中国特色社会主义实践蕴涵着丰富的思想内容,包括以人为本、发展优先、社会和谐、国家富强、天下为怀。这些内涵构成了充满自信的"法宝",并以此增强主旋律思想的生命力、凝聚力、感召力,防止在与各种社会思潮的互动碰撞中随波逐流、进退失据,拥有中国特色社会主义建设者所应具备的思想素质和自信心,为实现中华民族伟大复兴提供值得期待的价值观愿景。

这样的意识形态建设是"包容"的。在改革开放和社会转型的过程中,各种思想思潮都有其存在的合理性,或将与主流意识形态长期共存,有交流交融也有交锋。我们必须充分了解它们的来龙去脉,以我为主、为我所用,积极加以引导,最大限度地凝聚思想共识,最大限度地发挥各方面的积极性。我们还应遵循"古为今用,洋为中用"的原则,有选择地吸纳、消化古今中外一切优秀成果,服务于意识形态建设这个目标。

这样的意识形态建设是"中道"的。各种社会思想思潮既有个性,又有共性。有个性,就有比较;有共性,就可以借鉴。这就要求我们在比较借鉴的基础上,取长补短,举一反三,中道取胜,同时警惕极端的、偏激的思想干扰。思想引领既要坚决,又要适度,避免"不及"与"过头"。既不能放弃原则,一味求和,害怕斗争,又不能草木皆兵,反应过度;既保持坚定的思想立场,也讲求对话交流的艺术。

这样的意识形态建设是"创新"的。与我国协调推进"四个全面"战略布局相适应,宣传思想工作切不能墨守成规,包括理论资源、话语体系、表达方式、传播手段等都要主动求"变",主动利用现代传播手段,打造主流思想传播的新理念、新形象、新渠道、新载体。这就对在讲好中国故事的同时提供中国方案提出了更高的创新要求,即通过教育引导、舆论宣传、文化熏陶、实践养成、制度保障,使之有机融入意识形态工作的方方面面。

新时代中国特色社会主义的伟大实践正在"给理论创造、学术繁荣提供强大动力和广阔空间"。为此,我们推出这套意识形态建设基本文献读本

（选编），并设定若干主题，包括当代国外经济、社会、政治、文化、科技、生态等理论和方法，以及与意识形态建设有关的领域的思想资源。我们尽量从二战后，特别是冷战终结以来的具有代表性的著述中选取资源，分门别类地加以筛选、整理。希望读者一卷在手，就能够比较便捷地对这些领域的观念沿革、问题聚焦和思想贡献有一个大概的了解。这套读本是复旦大学马克思主义学院学科建设的资助项目，同时也获得了上海市研究生思想政治理论课教学指导委员会的支持。这套丛书不单是关于意识形态建设的文献选编，也可以作为马克思主义理论学科建设、思想政治理论课教学、马克思主义学院研究生培养的参考用书，还可以作为人文社会科学相关学科、专业研究生教学和研究的通识教育读本。

　　是为序。

肖　巍

2019 年秋于复旦大学光华楼

目 录

Contents

选编说明　/ 001

一、新自由主义

1. 哈耶克:自发秩序与自由社会　/ 009

2. 哈耶克:市场视域中道德的重新解读　/ 015

3. 弗里德曼夫妇:货币主义与市场力量　/ 023

4. 拉弗、摩尔、塔诺斯:供给学派与低税率政策　/ 028

5. 塔洛克:质疑收入再分配　/ 033

二、制度经济学

1. 加尔布雷斯:两种体制与新社会主义　/ 041

2. 海尔布隆纳:积聚欲望与权力制度　/ 046

3. 科斯:生产制度与新制度经济　/ 051

4. 威廉姆森:交易成本与契约经济　/ 057

5. 布坎南:立宪主义者的契约社会　/ 062

6. 德姆塞茨:竞争机制与交易费用　/ 068

7. 奥尔森：集体行动与利益集团 / 073

8. 诺思：人类意识与制度演变 / 079

三、新凯恩斯主义

1. 哈恩、索洛：新古典综合的宏观经济 / 087

2. 贝纳西：非均衡经济 / 092

3. 萨缪尔森、诺德豪斯：折中主义者的现代混合经济 / 097

4. 阿克洛夫、席勒：非理性行为与政府干预 / 103

5. 罗宾逊：从哲学角度重读凯恩斯 / 109

6. 斯蒂格利茨：不平等与宏观经济政策 / 115

7. 米德：用经济政策通往大同世界 / 120

四、市场社会主义

1. 伊藤诚：社会主义市场经济与日本 / 127

2. 皮尔森：超越传统市场与社会主义 / 133

3. 科尔奈：短缺、体制与转型 / 139

4. 卡德尔：公有制与社会主义体制改革 / 146

5. 布鲁斯：社会主义与市场 / 152

6. 锡克：资本中立法与新经济体制 / 158

7. 罗默：关于平等的社会主义 / 162

8. 霍尔瓦特：重建社会主义经济理论 / 167

五、发展经济学

1. 克鲁格：自由贸易与就业战略 / 177

2.斯蒂格利茨:经济转型与新发展经济学 ／182

3.阿明:全球化与资本主义 ／189

4.刘易斯:二元主义与发展策略 ／194

5.库兹涅茨:总体增长与生产结构 ／199

6.佩鲁:综合性发展观 ／205

7.森:以自由看待发展 ／211

六、环境经济学

1.西伯特:环境资源配置与政策 ／217

2.安德森等:经济激励与排污收费 ／222

3.皮尔斯等:环境政策与可持续发展 ／227

4.奥斯特罗姆:集体行动与环境保护 ／232

5.佩珀:生态主义的乌托邦 ／237

6.梅多斯等:资源限制与增值极限 ／240

选编说明

　　本书旨在从意识形态角度对当代经济思想进行汇编。

　　例如,在新自由主义经济学看来,这个主旨本身即使不是个笑话,也注定是徒劳,虽然对意识形态的确切含义仍缺乏共识,但是在最一般的意义上,它至少与政治和价值有关,而政治与价值无涉,正是新自由主义经济学最鲜明的旗帜。承袭古典自由主义传统并把其极致化的新自由主义经济学认为,通过每个人自由而独立地求解各自的最优化问题,个人利益就可以在市场价格机制的作用下自然而然地导向社会利益:不仅无需政治强制和命令,从而告别权力的所有可能罪恶,而且无需价值判断和道德约束,从而实现所有人的真正自由。我们对当代经济思想的概览就从新自由主义的这个美好许诺开始。

　　哈耶克是当代新自由主义的最杰出代表——他的立场如此之坚定,以至于安德鲁·甘布尔(Andrew Gamble)将其传记命名为"自由的铁笼"。哈耶克对自由主义的捍卫有其认识论的哲学基础,《法律、立法与自由》一书对此进行了详细阐述;《致命的自负》一书则基于此更进一步否认了计划经济的可行性,以及"社会"与"公正"等他认为的"社会主义"概念。弗里德曼是新自由主义经济学的另一位卓越旗手,在《自由的选择》一书中,他继续捍卫并深化了哈耶克提出的自由主义原则——通过引入潜在竞争和激励机制的重要性等理论,他明确提出实行消费者保护、工资限制等市场干预政策只会南辕北辙。此外,拉弗等的《繁荣的终结》从生产和财政领域对自由主义的主张进行了阐释,而图洛克的《收入再分配的经济学》则从收入再分配的角度对政府干预进行了全面的否定性分析。

新自由主义经济学为我们描绘了一幅免予强制与干预的美好画面,令人遗憾的是,人的社会性和政府的现实必然性决定了它只能是一个乌托邦。如果我们要走进真实的经济世界,就必须对制约着每个"自由个体"的现实社会制度进行研究,这正是制度经济学派学者们所关注的内容。

在《经济学与公共目标》一书中,制度经济学派的代表者加尔布雷斯否定了新自由主义所认为的资本主义的"去强制性"特征。他认为,虽然当代经济体系不存在基于暴力胁迫与物质压力的强制,但是经济实力本身也意味着对经济的不同控制力——消费能力高的消费者自然对厂商生产怎样的商品拥有更大影响力;同时还通过一系列"说服"使得人们"自愿"服从拥有权力的组织的私人目标,甚至经济学本身就在充当着这样的说服工具——"使人们用不温不火的缓和立场代替了可能的质疑和挑战"。与此逻辑相一致的,梅尔布罗在《资本主义的本质与逻辑》中更明确指出了财富与利润的权力属性,及其所反映的资本主义统治的本质。

于是,在新自由主义者那里几乎消失了的政府重新进入了我们的视野。作为新制度经济学的创始人,科斯在《论生产的制度结构》中提出了可以对市场和政府同时进行分析的统一框架——交易费用理论。威廉姆森在《资本主义经济制度》中更加严谨和详细地建立了"交易成本经济学"的理论框架,把经济学的定义从"选择与资源配置"推广到了"合约与交易成本"。这样,古典自由主义的分析方法就被拓展到了包括政府和企业的现实世界之中,经济学从"黑板上"落到了"现实中"。

新制度主义在分析方法上依然沿袭了自由主义的基本框架,在内容方面,它们离自由主义也不远——事实上它们尝试在各个方面拓展自由主义原则的应用范围:在《制度契约与自由:政治经济学家的视角》中,布坎南一方面坚守着哈耶克"最小规制"的自由主义立场,另一方面通过一定的"建构主义"和"宪法约束",尝试建构"立宪主义的契约主义"这一"无政府主义和利维坦的中间地带";在《竞争的经济、法律和政治维度》中,德姆塞茨认为完全竞争模式的更恰当名称就是完全分散化模式,并把这种以自由放任为特征的经济分析方法应用到了对法律和民主政治的分析中;在《国家的兴衰:经济增长、滞胀和社会僵化》一书中,奥尔森指出,依靠分利集团的再分配行为并不能达到预想中的平等主义效果,反而可能恶化收入分配的状况;在《理解经济变迁过程》中,诺斯把制度明确定义为包含着政治、产权和社会三个方面的结构体系,并提出"路径依赖"一词来概括制度演化的核心特征。

在政府行为与制度机制的影响之外,现实经济运行向新自由主义提出的另一个挑战是市场未能如愿出清,并不断发生经济周期,而相对应的理论发展,则是20世纪30年代以来的凯恩斯主义。凯恩斯主义理论和政策在20世纪30年代到70年代风行全球,但是随着滞胀的到来,逐渐受到诸多质疑。面对宏观经济管理的挫折,部分学者转向了新自由主义,而另一些学者则在凯恩斯主义的框架内继续思考,他们被称为后凯恩斯主义者。

他们当中,有的学者试图通过引入新的因素、构建新的框架,从而重燃凯恩斯主义的士气,例如索洛在《现代宏观经济理论的评论》中引入了不完全信息、贝纳西在《不完全竞争和非市场出清的宏观经济学》中引入了非均衡的经济分析体系、萨缪尔森在《经济学》中则尝试对政府与市场在"混合经济"中的"分工"进行详细梳理;另一些学者则尝试对凯恩斯的思想本身进行更进一步的挖掘、并进行更为"非技术性"的解读,例如阿克洛夫和席勒在《动物精神》中对"动物精神"的详细阐发,以及罗宾逊夫人在《经济哲学》中对经济学基本概念的哲学反思。

随着凯恩斯主义对经济周期的关注,学者们的眼光再次落到了市场竞争的结果上,例如斯蒂格利茨的《不平等的代价》和米德的《自由、公平、效率》。通过对这个问题的讨论,他们已经把我们带入了对资本主义体系进行根本性反思的视野之中,这也是市场社会主义的视角。在《幻想破灭的资本主义》中,伊藤诚对新自由主义把资本主义市场秩序等同于自然秩序的说法提出了全面挑战,并运用日本的经济实践证明了新自由主义原则在现实中遭遇的挫折,指出结合市场与社会主义优势的可能成就;在《新市场社会主义》中,皮尔森更明确地对市场社会主义的含义进行了界定,并指出其关键在于"结合市场价格的资源配置功能和社会主义对私有制的批判"。

确实,在理论和实践中,资本主义曾经长期被等同于市场经济和私有制,社会主义则被等同于计划经济和公有制。哈耶克就是在这个教条与模式化的定义上对社会主义和资本主义体系进行评价与批判的。但是当我们仔细研读其理论时就会发现,他所分析的其实是计划经济与市场经济。而就其对计划经济效率效果的批判而言,新自由主义与市场社会主义并不存在根本分歧,例如科尔奈在《社会主义体制》中也对"社会主义经济实践"中计划经济的问题进行了深入探讨,但不同于哈耶克等新自由主义者对市场的无条件颂扬,科尔奈指出官僚计划体制和市场体制都存在问题,在这一点上,市场社会主义者与制度主义者又所见略同。

公有制是市场社会主义的核心主题和争议所在。基于南斯拉夫的社会主义实践,卡德尔在《公有制在当代社会主义实践中的矛盾》一书中指出,公有制的核心要义在于克服异化,其实现方式不是静止的国家所有制,而是劳动与收入一体化的自治,该体系要同时着眼于激励机制、生产效率和收入分配的多重目标;基于对匈牙利社会主义实践的详细考察,布鲁斯在《从马克思到市场》一书中指出,要克服所有的所有制教条,所有制没有最终的答案;锡克在《一种未来的经济体制》中设想通过资本中立来实现劳动者的联盟与自治;罗默在《社会主义的未来》中提出社会主义的核心目标在于平等,而不该受制于所有制的具体实现形式；而霍瓦尔特在《社会主义政治经济学》中更进一步从消费者平等、生产者平等和公民的平等三个角度尝试重建社会主义社会的经济与政治架构。

如果说新自由主义、制度主义、凯恩斯主义和市场社会主义的争论集中在一国之内的理论层面的话，那么发展经济学和环境经济学则把上述争论推到了国际和现实经济的范围内。在对这些问题的讨论中，有些学者采取了反对政府干预的偏自由主义立场，有些学者则认可了政府干预的意义。

就发展问题而言，持自由主义立场的如克鲁格的《发展中国家的贸易与就业》，持干预立场的如斯蒂格利茨的《发展与发展政策》，阿明还在《全球化时代的资本主义》中直接对自由主义进行了批判。此外，刘易斯在《增长与波动：1870—1913》一书中分析了国际贸易中的经济、政治因素，库兹涅茨在《各国的经济增长》中也明确指出经济增长主要来源于生产效率的提高、而不是要素投入的提高，而且技术进步与经济结构与文化政治等会存在一系列连锁反应，他们的研究意味着政府干预有利于一国的发展的前提是有效促进技术进步。《以自由看待发展》中，阿马蒂亚·森则尝试在自由与干预、市场与政府之间求得平衡，认为自由既对发展具有工具性意义，也是发展的目的，以建立意在提升个体"可行能力"的"自由"发展之路。

就环境保护问题而言，有学者坚持认为市场价格与私有产权原则在解决环境问题方面依然可以被贯彻到底，如西伯特的《环境经济学》和克尼斯的《改善环境的经济动力》；而另一些学者则从公共品理论入手对政府干预进行辩护，认为只要能够提供适当的激励和管理，市场和政府都可以有效保护环境，如沃福德的《世界无末日：经济学、环境保护与可持续发展》和奥斯特罗姆的《公共事务的治理之道》，后者还指出现实的产权安排并不是私有制和公有制、私人产品与公共产品的两个极端，其现实有效性取决于协调方式和产权实现的具体形式。最后，罗马俱乐部在《增长的极限》一书中把人类走向可持续发展的可能归结到了人的"爱"的能力，当然，"爱"可能是几乎所有人类问题的最后依赖，不论"爱"的力量是通过市场还是政府来体现。

而我们的文献摘编也就停在这本书上。

需要说明的是,所选取作品大多数都出现在 1970 年之后,以显示"当代"思想要览的特征。然而虽然仅仅取材近半个世纪,"当代经济思想要览"这一题目依然要求颇高:既需要架构在整个经济思想史基础上的宏大视角,也需要基于对当代经济前沿问题准确把握而具有的现实洞察;而作为"意识形态汇编"中的一本,还需要把这些问题整合在政治与社会视阈之中。从这些角度看,本书离真正的"名副其实"还差很远。限于现有的资料来源,我们采取了很多"退而求其次"的方法:在文献的选择方面,本书所选的都是在该学派与该问题中具有重要影响和堪称代表的书目,但是由于缺乏合适的中译本或者未曾在著作中出现过(只在论文中有所表述),部分同样(甚至更为)重要的作者、书籍和观点被遗漏了,而这一问题在非英文的作品中更严重;同时,由于是文献汇编,部分具有较强技术性内容的书籍由于缺乏与意识形态有关的直接表述而未能包括进来;在学派和学者的归类划分方面,我们也简单依照了最为通行的理解。诸多不足,敬请读者海涵指正。

一

新自由主义

1. 哈耶克①

自发秩序与自由社会

理性与进化

对一个由自由人组成的社会的维系,乃取决于三种根本的洞见,而这三种洞见却从未得到过充分的阐释,这也是本书三个主要部分所致力于讨论的问题。第一种洞见认为,自我生成演化的(self‑generating)或自生自发的(spontaneous)秩序与组织秩序完全不同;而且,它们各自的独特性与支配它们的两种全然不同的规则或法律紧密相关。第二种洞见主张,当下通常所说的"社会的"或分配的正义("social" or distributive justice),只是在上述两种秩序的后一种即组织秩序中才具有意义;而它在自生自发的秩序中,也就是亚当·斯密所说的"大社会"(the Great Society)或者卡尔·波普尔爵士所谓的"开放社会"(the Open Society)里,则毫无意义且与之完全不相容。第三种洞见则宣称,那种占支配地位的自由民主制度模式,因其中的同一个代

---

① 弗里德利希·哈耶克(Friedrich Hayek,1899—1992),奥地利裔英国经济学家,新自由主义思想的代表人物,1974 年诺贝尔经济学奖获得者,先后任教于英国伦敦政治经济学院(1931—1950)、美国芝加哥大学(1950—1962)、德国弗赖堡大学(1962—1968)等。哈耶克虽被认为属于奥地利学派,但他也是芝加哥学派鼎盛时期的活跃交往者;代表作有《货币理论和经济周期理论》(1933)、《个人主义与经济秩序》(1949)、《自由秩序原理》(1960)、《法律、立法与自由》(1973)、《通往奴役之路》(1974)、《致命的自负》(1988)。

议机构既制定正当行为规则又指导或管理政府，而必定导致自由社会的自生自发秩序逐渐转变成一种服务于有组织的利益集团联盟的全权性体制。

……

那种以唯科学的谬误来摧毁价值的做法，乃是我们这个时代的大悲剧——它之所以是一个大悲剧，乃是因为唯科学的谬误所趋于否定的价值，实是我们的一切文明所不可或缺的基础，也是那些转而反对这些价值的科学研究本身所不可或缺的基础。建构主义趋向于把它所无力解释的那些价值一概当成取决于人之专断的决策、意志行为或纯粹情绪的东西，而不把它们当成建构主义阐释者视为当然的那些事实的必要条件。建构主义的这一取向已然在很大程度上动摇了文明的基础和科学自身的基础，因为科学也同样是建立在科学手段所无力证明的价值系统之基础上的。笛卡尔意义上的那种完全的行动理性，要求行动者对所有相关的事实拥有完全的知识。如果一个设计师或工程师要把物质材料组织起来以产生所预期的结果，那么他就需要掌握所有相关的资料并拥有足够的力量以控制或操纵这些物质材料。但是在社会中，行动的成功却取决于远比任何人所能够知道的多得多的特定事实。因此，我们的整个文明的基础是，而且也必定是，我们相信诸多我们不能够知道其在笛卡尔的意义上究竟是否为真的事实。本书一个主要论点认为，支配我们行动的大部分行为规则，以及从这种常规性中所生成的大多数制度，都是对一种不可能性进行调适的产物；这种不可能性指的是，任何一个人都不可能有意识地考虑到所有深入社会秩序中的特定事实。

特别需要指出的是，正义的可能性恰恰是以我们的事实性知识所具有的这种必然局限为基础的，也因此，所有那些习惯于根据全知全能这个假设进行论辩的建构主义者都无法洞见到正义的本质。建构论唯理主义的错误与笛卡尔式的二元论紧密相关，也就是说，它与那种关于心智实体独立存在的观念密切相关。这种观念认为，心智实体独立存在于自然秩序之外，而这一实体使得一开始就拥有这种心智的人类能够设计出他们生活于其间的社会制度和文化制度。当然，事实并非如此，因为人之心智还是在与那些决定着社会结构的制度发生持续互动的过程中得到发展的。心智是它演化发展于其间但却并不是它所创制的社会环境的产物,然而它反过来也会对这些社会制度和文化制度发生作用并修正这些制度。心智是人在社会中生活和发展所带来的结果,也是人获得那些增进了他所在的群体繁衍生存下去的机会的习惯和惯例所带来的结果。

内部规则:自由的法律

把业已确立的惯例或习俗明确表达为一项成文的规则,其目的乃在于求得人们对该项规则存在的统一,而不在于制定一项新的规则;而这种做法只能够对人们在实践中明确知道的东西做一种不充分的且只是部分的表达。阐明的规则(the articulated rules)却不会因此而完全替代未阐明的规则,而只能在一个尚未阐明的规则的框架内发挥作用并得到理解。那种必须用来指导法官审判的知识,并不是任何有关整个社会在特定时刻所提出的要求的知识,而只能是有关持续展开的社会秩序所赖以为基础的一般性原则所提出的要求的知识。法律所旨在防止的一个人对另一个人所施与的那种损害,并不是所有的损害,而只是那种致使法律规定为合法的预期落空的损害。唯有通过这种方式,才能使"不得损害他人"成为一项对那些能够根据自己的知识去追求自己的目标的人具有实质意义的规则。到目前为止,只有经济学发展出了一种适合于处理自生自发的抽象秩序的理论手段;而且这种理论手段也只是在眼下才渐渐地被用于解释除市场以外的其他秩序的。这里需要指出的是,市场秩序很可能是唯一一种日渐扩展至整个人类社会领域的全涉性秩序(comprehensive order)。

社会正义的幻想

对"社会正义"的诉求并不是向个人而是向社会提出的,然而一如我们所知,社会,从其必须与政府机器相区别的那种严格意义上来看,是不可能为了某个具体目的而采取行动的;因此,对"社会正义"的诉求也就变成了这样一种要求,即社会成员应当以一种特定的方式(亦即有可能把整个社会产品的特定份额分派给不同个人或不同群体的方式)把自己组织起来。依此逻辑,首要的问题也就变成了这样一个问题:人们是否有道德义务服从这样一种权力机构,亦即一种能够为了实现某种被视为正义的特定分配模式这个目的而把社会成员的各种努力都协调起来的权力机构。当然我们必须承认,如果市场机制配置利益和负担的方式乃是人们刻意向特定的人分配利益和负担所导致的结果,那么这种方式在许多情形中就必须被认为是极不正义的。但是事实并非如此。人们在市场中获得的份额乃是一个过程的结果,而这个过程的结果对于特定人的影响则是任何人在这种制度最初出现的时候所无法欲求或无力预见的——此后,人们之所以允许这些制度持续存在,实是因为人们发现这些制度为所有的人或者大多数人满足自己的需求提供了更为广阔的前景。对这样一个过程提出正义的要求,显然是荒谬的;而且,从这样的社会中挑选出某些人并认为他们有资格获得特定的份额,也无疑是不正义的。

　　……

　　对机会平等的要求或对平等的起始条件的要求,引起了许多大体赞成自由市场秩序的人士的关注,而且也得到了他们的支持。如果这种要求所指涉的是那些必定会受到政府决策影响的(比如说委任公职等事务)便利条件和机会的话,那么就此而言,这种要求就确实是古典自由主义的核心要点之一,而人们一般是用法语“任才能驰骋”(la carrier overate aux talents)来表达这个观点的。当然,我们也有颇多理由去赞成政府在平等的基础上为那些尚未具有完全责任能力的未成年人提供教育经费,尽管在我们是否应当允许政府支配这些费用并控制教育这个问题上仍存有巨大的疑问。但是所有这一切却仍然与创造真正的机会平等相距甚远,即使对于那些拥有相同能力的人来说亦复如此。要达到这个目的,政府就不得不对所有的人置身于其间的整个自然环境和人文环境进行控制,而且还不得不努力为每个人提供至少相等的机遇;因此,政府在这一方面的努力越是成功,人们也就越是有正当理由要求政府必须根据相同的原则去消除种种仍然存在的障碍——或者通过使那些仍处于较为有利地位的人去承担额外的负担以对境况不利的人进行补偿。这种境况将没完没了地持续下去，直至政府切实掌控所有能够影响任何人之生活状况的情势。尽管机会平等这个说法乍一听来颇具吸引力，但是一旦这个观念被扩展适用于那些出于某些其他原因而不得不由政府予以提供的便利条件的范围以外，那么机会平等的主张就会变成一种完全的理想，而且任何一种力图切实实现它的努力，都极易酿成一场噩梦。社会正义这种理想实是一种返祖现象，亦即试图把部落社会的道德规范强加给开放社会的那种努力——当然，这种努力是徒劳的；但是如果这种道德规范得势，那么它就不仅会把大社会摧毁掉，而且还将严重地威胁到约三百年以来人类经由市场秩序而繁衍出来的众多人口的生存问题。

……

对于一个自由人组成的大社会来说，一个政府能够给予的最美好的东西都是否定性的；而最美好的东西之所以都是否定性的，其根本原因就在于这样一个事实，即能够指导人之行动的任何个人或任何组织，对于那些决定人之活动秩序的无限多样的特定事实，都处于一种无可变更的无知（unalterable ignorance）状态之中。只有傻子才会相信自己无所不知，但是这样的傻子并不少。实际上，正是由于这种无知，才使得政府只能够通过要求人们遵守某些独立于特定目的的否定性规则或禁令这种方式来帮助型构一种抽象的结构或者促使它的型构成为可能——因为我们知道，只有在这种抽象的模式或结构中，社会成员所具有的各种预期才有可能达到大体应合的水平。因此，政府所能保障的只是在个人为了追求自己的目的而使用自己知识的行动过程中形成的那种活动秩序的抽象特性，而不是它的肯定性内容（positive content）；当然，政府对这种秩序之抽象特性的保障，乃是通过抽象且否定性的规则（abstract and negative rules）对个人间彼此领域的界分而实现的。

选自［英］弗里德利希·冯·哈耶克：《法律、立法与自由》，邓正来、张守东、李静冰译,中国大百科全书出版社 2000 年版,第一卷导言、第一卷第 1～15、121～179 页,第二卷第 119、148、250、529 页。

2. 哈耶克

市场视域中道德的重新解读

社会主义是个错误吗？

我们的文明，不管是它的起源还是它的维持，都取决于这样一件事情，它的准确表述，就是在人类合作中不断扩展的秩序。这种秩序的更为常见但会让人产生一定误解的称呼是资本主义。为了理解我们的文明，我们必须明白，这种扩展秩序并不是人类的设计或意图造成的结果，而是一个自发的产物：它是从无意之间遵守某些传统的、主要是道德方面的做法中产生的，其中许多做法人们并不喜欢，他们通常不理解它的含义，也不能证明它的正确，但是透过恰好遵循了这些做法的群体中的一个进化选择过程——人口和财富的相对增加——它们相当迅速地传播开来。这些群体不知不觉地、迟疑不决地，甚至是痛苦地采用了这些做法，使他们共同扩大了他们利用一切有价值的信息的机会，使他们能够"在大地上劳有所获，繁衍生息，人丁兴旺，物产丰盈"（《旧约·创世记》1：28）。大概这个过程是人类进化中得到正确评价最少的一个方面。社会主义者对这些事情有不同的看法。他们不但结论不同，甚至对事实的看法也不同。社会主义者搞错了事实，这一点对我的论证至关重要，下面将就此展开讨论。

我打算承认，如果社会主义者对现存经济秩序的运行和可能的替代方案做出的分析,从事实角度讲是正确的,那么我们大概不得不相信,根据某些道德原则进行收入分配,而且只有授权一个中央政权来支配现有资源的用途,才能进行这种分配,这有可能是消灭生产资料个人所有的前提。即使通过集中支配生产资料所能生产出的集体产品,至少同我们现在所产生的数量一样多,如何进行公正的分配仍会是个严重的道德难题。然而我们并没有陷入这种处境。因为除了让产品在竞争性市场中进行分配之外,尚不知有什么其他方法能够告诉个人,他们该为各自的努力确定什么方向,才能为总产量做出最大限度的贡献。

　　……

　　我论证的要点是,以赞成竞争性市场造成的人类自发的扩展秩序的人为一方,以要求在集体支配现有资源的基础上让一个中央政权任意安排人类交往的人为另一方,他们之间发生的冲突,是因为后者在有关这些资源的知识如何产生、如何能够产生以及如何才能得到利用的问题上,犯下了事实方面的错误。作为一个事实问题,必须用科学研究来解决这一冲突。这种研究证明,通过遵守决定了竞争性市场秩序的、自发产生的道德传统(与大多数社会主义者所服膺的理性主义教条或规范不相符的传统),我们所生产并蓄积起来的知识与财富,要大于那些自称严格遵循"理性"办事的人所鼓吹的中央指令式经济所能得到或利用的数量。因此,社会主义不可能达到或贯彻它的目标和计划;进而言之,它们甚至在逻辑上也不能成立。使文明成为可能的是扩展秩序,社会主义的要求不是从形成这种秩序的传统中得出的道德结论。相反,他们竭力想利用某种理性设计的道德体系去颠覆这一传统,而这种体系的号召力所依靠的,是它许诺的结果对人类本能具有号召力。它认为,既然人们能生成某些协调他们行为的规则系统,因此他们也必定能够设计出更好的、更令人满意的系统。市场秩序和社会主义之间的争论,不亚于一个生死存亡的问题。遵循社会主义道德,将会使目前人类中的许多人遭到毁灭,使另外许多人陷入贫困。

　　……

我的工作起点，完全可以用休谟的一个见解来表示，即"道德准则……并非我们理性的结果"。这一见解将在本书中起关键作用，因为它构成了本书所要回答的基本问题，即我们的道德观念如何出现和如何才能出现，以及它的产生方式对我们的经济和政治生活意味着什么。我主张，我们不但要有进化论的认识论，还要有道德传统的一种进化论解释，它的特点应与现有理论有所不同。当然，人类交往的传统规则，就像语言、法律、市场和货币一样，都是一些萌发进化论思想的领域。伦理学是最后一座要塞，人类现在必须放下架子，承认它也是起源于进化。这种道德进化论显然正在形成，它的基本观点就是，我们的道德既非出自本能，也不是来自理性的创造，而是一种特殊的传统——就像第一章的标题所示，它处在"本能和理性之间"——一种极其重要的传统，它能够使我们超越自己的理性能力，适应各种问题和环境。我们的道德传统，就像我们文化中许多其他方面一样，并不是我们理性的产物，而是与我们的理性同时发展的。有些人也许会对这种说法感到奇怪或者不解，但是这些传统道德的确超越了理性的局限。

在本能和理性之间

现代经济学解释了这种扩展秩序如何能够产生的原因，以及它自身如何形成了一个信息收集的过程，它能够使广泛散布的信息公之于众并使其得到利用，这些信息不用说哪个个人，即使是任何中央计划机构，也是无法全部知道、占有或控制的。然而组成扩展秩序结构的，不但有个体，还有许多常常相互重叠的次级秩序，在这些秩序中，古老的本能反应，如休戚与共和利他主义，在促成自愿合作方面继续保持着一定的重要性，尽管它们本身并不能给更加扩展的秩序创造基础。我们现在的一部分困难在于，为了能够遵守不同的规则，同时生活在不同类型的秩序中，我们必须不断地调整我们的生活、我们的思想和我们的感情。如果我们把微观组织（例如小部落或小群体或我们家庭）中的那种一成不变的、不加限制的规则，用于宏观组织（如我们更为广大的文明）——我们的本能和情感欲望经常使我们愿意我们这么做——我们就会毁了它。但是假如我们总是把扩展秩序中的规则用于我们较为亲密的群体，我们也会使它陷入四分五裂。因此，我们必须学会同时在两个世界里生活。用"社会"一词来指这两种组织，甚至只用它来指其中之一，几乎没有任何好处。这最容易让人产生误解。

　　相互之间存在着很大冲突的，并不像人们经常认为的那样，是在感情和理性之间，而是在内在本能和通过学习得到的规则之间。不过我们应当理解，同具体的个人可以采取的大多数直接的"利他主义"行为相比，遵守这些通过学习得到的规则的确会产生一种带来更大利益的普遍作用。人们对市场秩序的原理知之甚少，"合作胜过竞争"这种普遍观点便是一个明显的标志。合作就像休戚与共一样，在很大程度上要以在目标及其手段上取得一致为前提。在一个成员有着共同的具体习惯、知识，对这种可能性有相同看法的小团体里，这样说是有意义的。如果问题在于适应未知的环境，它便没有多少意义了。但是在扩展秩序中各种努力的相互协调所依靠的，正是这种对未知世界的适应能力。竞争是个发现的过程，是一种包含着所有进化过程的方法，它使人类不知不觉地对新情况做出反应；我们是通过进一步的竞争，而不是通过合作，逐渐提高了我们的效率。创设我们道德的并不是我们的理智。相反，是受着我们道德支配的人类交往，使得理性的成长以及同它结合在一起的各种能力成为可能。人能变得聪明，是因为存在着可供他学习的传统，但这种传统并不是源于对观察到的事实进行理性解释的能力，而是源于做出反应的习惯。它主要告诉人们，在一定的环境下应当做什么或不应当做什么，但并不告诉他肯定能够期待发生什么。

　　……

　　因此我要坦率地说，看到一些有关进化论的著作，我总是忍不住觉得好笑。这些著作，甚至是一些出自伟大科学家笔下的著作，虽然承认过去的一切都是在一个自发的过程中产生的，最后，还是经常劝说人们用理性——因为现在事情已变得如此复杂——去把握和控制未来的发展。这种一厢情愿的想法，受到了我曾称之为"建构理性主义"的鼓励，它对科学思想大有影响。一位著名的社会主义人类学家写过一本大获成功的书,它的书名便明确地表达了这一点:《人创造自己》(柴尔德),许多社会主义者都把这个标题当作自己的座右铭(海尔布龙纳)。这种假设包含着一种不科学的、甚至是泛灵论的观点,认为理性的智慧是在某个阶段进入了正在进化着的人体之内,成为支配文化进一步发展的一种新的积极力量(其实人体是逐渐获得了领悟极为复杂的原理的能力,这使他能够在自己的环境里更为成功地行动)。这种文化进化完全滞后于生物或遗传进化的观点,忽略了进化过程中使理性得以形成的最重要的内容。在进化中创造了自身的理性,现在具有了可以决定自身进一步进化(姑不论那些它同样无法做到的事情)的地位,这种观点有着内在矛盾,因此不堪一驳。同文化和进化创造了人的理性的说法相比,以为有思维能力的人创造并控制着自己的文化进化的观点更缺少正确性。

……

正像本能比习俗和传统更久远一样,习俗和传统也比理性更久远:习俗和传统是处在本能和理性之间,无论从逻辑上、心理学上还是时间顺序上说都是如此。它们不是出自有时称为无意识的因素,不是出自直觉,也不是出自理性的理解力。虽然从一定意义上说它们是建立在人类经验的基础上,它们是在这种经验中,通过文化进化的过程而形成的,但是它们并不是通过从有关某些事实或对事物之特定运行方式的理解中得到了合理的结论而形成的。我们的行为虽然受制于我们的所学,但是对于我们所做的事情,我们经常不知道那样做的原因。通过学习得到的道德规则和习俗日益取代了本能反应,但这并不是因为人利用理性认识到了他们的优越之处,而是因为他们使超出个人视野的扩展秩序之发展成为可能,在这种秩序中,更为有效的相互协调使其成员即使十分盲目,也能够养活更多的人口并取代另一些群体。

财产形式和对象及其改善之道

生物进化和文化进化还有另一些共同特征。例如,它们都遵循着同样的自然选择原理：生存优势或繁殖优势。变异、适应和竞争，不管它们——尤其在繁殖方式上——有怎样的特殊机制，从本质上说都是同样的过程。不但所有的进化都取决于竞争，甚至仅仅为了维持现有的成就，竞争也是必要的。在大卫·休谟以及18世纪的另一些苏格兰道德学家和学者看来，分立的财产得到承认，显然标志着文明的开始；规范产权的规则似乎是一切道德的关键所在，这使休谟把他阐述道德的《人性论》大部分篇幅用来讨论这个问题。……亚当·弗格森对这些教诲做了概括，他把野蛮人定义为不知财产为何物的人。财产制度，就其现有的状况而言，很难说是完美的，其实我们也很难说明这种完美包含什么样的内容。如想让分立的财产制度实际发挥出它的最佳效果，文化和道德的进化确实需要更上一层楼。例如，我们需要普遍的竞争以阻止对财产的滥用。这反过来又需要对微观秩序，即前面讨论的那些小团体中出自本能的感情做进一步限制，因为这些出自本能的感情不但受到分立的财产的威胁，有时竞争更会让它们构成威胁，这导致人们更加渴望没有竞争的"休戚与共"。财产最初是习俗的产物，司法与立法不过是在数千年里对它做了发展而已，因此没有理由认为，它在当代世界采取的具体形式就是最后的形式。近人已经认识到，传统的财产观是一个内容多变而极为复杂的包裹，至今仍未发现它在所有领域最有效的组合方式。对这些问题的新研究主要源自后来普兰特爵士令人振奋的著作，不幸的是他并未完成，他过去的学生罗纳德·科斯又在几篇简短但极有影响的论文中承担起了这项工作，从而刺激了一个广泛的"产权学派"的发展（阿尔齐安、贝克尔、张五常、德姆塞茨、佩约维奇）。这些我们无法在这里加以总结的研究成果，为市场秩序之法律框架的进一步发展提供了新的可能。

错误序列

这种"论证"也可以被称为一个"错误序列"（litany of errors），或一个炮制推断式的理性主义的配方，我把它称为唯科学主义或建构主义。在动身之前，我们不妨先来参考一份"知识资源"、一本字典，即一部包含着许多配方的书。我从十分有用的《方塔纳－哈泼现代思想词典》中找出了四个基本哲学概念的简短定义,这些概念对于在唯科学主义和建构主义这条线上受过教育的当代思想家,有着普遍的指导作用:理性主义、经验主义、实证主义和功利主义。在过去几百年里,这些概念渐渐地被人们认为是科学的"时代精神"具有代表性的用语,根据这些由一位英国哲学家、牛津三一学院院长昆顿写下的定义,理性主义认为,除非有经验和推理——不管它是归纳的还是演绎的——的基础,一切信念都是不可接受的。经验主义主张,任何声称表达知识的命题,仅限于那些其正当性有经验依据的命题。实证主义则被定义为这样一种观点,所有真正的知识都是科学知识。这里的所谓的科学,是指它描述了可观察现象的共存性和连续性。而功利主义"把行为给每个人造成的快乐和痛苦,作为行为正当与否的标准"。

公正

对一个自然进化过程提出这些公正要求是极不恰当的,不但就过去已经发生的事情而言,而且就现在正在发生的事情而言,都是不恰当的。因为这一进化过程显然仍在进化之中。文明不但是进化的产物,也是一个过程;通过建立起普遍规则和个人自由的架构,它会让自己继续进化。这种进化不能用人们的需要加以支配,而且常常不会产生符合人们需要的结果。人们会发现一些过去没有实现的愿望得到了满足,其代价却是其他许多人的失望。虽然个人可以通过符合道德的行为增加自己的机会,但是由此产生的进化不会满足他的所有道德愿望。进化不可能是公正的。所以"社会"一词已成为表示几乎任何人类群体的方便标签。这种群体的结构和结合在一起的原因都无须知晓——一个人们在不十分明白自己谈论什么时只图一时方便的用语。显然,一个群体、一个民族、一个地区的全部人口,一个公司、一个协会、一个团体、一个部落、一个帮派、一个族群,或种族、宗教、运动和娱乐项目的成员,以及住在一个特定地方的居民,都是社会或能够构成社会。

……

　　"社会"这个名词尽管也对人产生误导,但和形容词"社会的"相比危害却要小一些,"社会的"一词或许已成为我们整个道德和政治词汇中最能引起混乱的说法。这件事仅仅发生在过去一百年间,在这段时间里,"社会的"一词的现代用法及其影响迅速从俾斯麦德国传遍整个世界。在这个词使用最多的领域,它之所以不断传播混乱,在一定程度上是由于它不仅用于描述人类合作的不同模式产生的现象,如在一个"社会"中产生的现象。而且也用来描述促进和服务于这种秩序的各种形式。它从后一种用法越来越变成一种倡议,一种用理性主义道德取代传统道德的声誉,并在逐步取代"好的"一词,用来作为道德上正确的事物的名称。正如《新韦氏同义词词典》的恰当解释一样,由于这"特殊的歧义性"特点,"社会的"一词的实际含义与标准含义在不断地变换着,开始似乎是一个描述词,不知不觉中就会变成一个指令。

　　选自[英]弗里德利希·冯·哈耶克:《致命的自负》,冯克利、胡晋华等译,中国社会科学出版社2000年版,第4~16、19~22、33~35、83、129~131页。

3. 弗里德曼夫妇[①]

货币主义与市场力量

市场的力量

经济自由是政治自由的必要条件。经济自由可保证人们之间的相互协作，而不必靠外部强制或某个中央命令，因此缩小了运用政治权力的领域。而且，由于自由市场是一种分散权力的机制，因此即便出现某种政治集权，也能够被自由市场所克服、消化掉。如果经济和政治权力都集中在同一个人或同一群人手中，那就必然导致专制、暴政。

……

近年来出现了增长放慢、生产率下降的现象，这自然引发了一个疑问，即如果我们继续授予政府更大的权力，同时为了我们自身的利益，继续授权给公仆这一"新阶层"，把我们的钱财更多地交由他们支配的话，那么私人的

---

① 米尔顿·弗里德曼（Milton Friedman，1912—2006），美国犹太人，芝加哥经济学派代表，1976年诺贝尔经济学奖获得者，曾任美国财政部顾问（1941—1943），为哥伦比亚大学研究小组的武器设计和冶金实验进行数据分析（1943—1945），后在芝加哥大学教授经济学理论，直到1976年退休。他领导创立了以自由经济为旗帜的芝加哥经济学派；代表作有《消费函数理论》（1957）、《资本主义与自由》（1962）、《美国货币史》（1963）、《自由选择》（1980）等。弗里德曼的夫人罗丝（Rose D. Firedman）是他在芝加哥大学的同学，弗里德曼曾说自己的作品无一不被罗丝审阅，还笑称在自己成为学术权威后，罗斯是唯一敢跟他辩论的人。

创造力能否一如既往地消除政府管制带来的削弱作用呢？或者说，能否一如既往地克服其恶果呢？我们的答案是，一个日渐强大的政府，迟早会毁掉自由市场机制带来的繁荣，迟早会毁掉《独立宣言》中以雄辩庄严的口吻宣告的人类自由。这一天的到来，也许比我们许多人所预料的要早得多。

当然，事情还没有发展到不可挽回的地步。作为美国国民，我们仍然可以自由选择，究竟要不要在"通往奴役之路"——弗里德里希·哈耶克以此为其著作命名，该书见识深刻、影响深远——上减速慢行；或者，究竟要不要对政府权力施以更加严格的限制，从而更多地依靠自由个体之间的自愿协作来实现我们的目标。长期以来，人类大多陷于集权专制的苦难深渊，即便是今天，饱受集权专制之苦的人仍不在少数，难道我们还要再次陷入这一深渊而结束我们的黄金岁月吗？或者，我们是否应该运用我们的智慧、远见和勇气来改弦更张，从经验当中学习，从"自由的重生"中获益呢？

……

我们每个人所拥有的各种资源数量之多寡，部分是运气使然，部分是我们自己或他人选择的结果。运气决定了我们的家庭出身和成长的文化环境，由此也决定了我们发展自身体力和智力的机遇；运气还决定了我们从父母或慈善家那里能够继承而来的其他资源。不同的运气，可能使我们手中的初始资源得到增强，也可能使之毁于一旦，但是选择仍然起了重要的作用。我们决定如何利用我们手中的资源，比方说，是努力工作还是得过且过，是进入这个行当还是进入另一个，是从事这种冒险还是从事另一种，是储蓄还是消费，等等，不同的选择决定了我们究竟能使自己的资源增强增多，还是使其消耗一空。同样，我们的父母、其他慈善家，以及千千万万与我们并无直接关系的人都会做出决定——如何利用其手中的资源，而这些都会对我们所继承的资源产生影响。

我们拥有的资源的市场价格同样是由运气与选择共同决定的，而且这两种因素常常纠缠在一起，很难分得清楚。……在任一社会里，不论其采取何种组织方式，总有人对收入分配感到不满。我们为什么比别人挣得少？

他们看起来似乎也不该挣那么多;或者,我们为什么比许多人挣得多? 他们
想要的和我们一样多,而且他似乎也不该比我们挣得少。对这些问题,我
们都感到很难理解。人总是这山望着那山高,所以我们就责怪现行的制度
体系。在命令体系中,我们的嫉妒与不满直接瞄准统治者;在自由市场体系
中,就是瞄准市场。

　　由此产生的结果之一便是试图将价格体系的收入分配功能与另外两个
功能(传递信息和提供激励)分割开来。过去的几十年里,在美国和其他一
些主要依靠市场机制的国家,许多政府措施致力于改变由市场导致的收入
分配状况,旨在建立一个不同的、更加平等的收入分配体系。关于向这方面
努力的呼声很高,势头依然强劲。我们希望用价格来传递信息、提供激励,
又不希望用它来影响(即便不是完全决定)收入分配,不论我们如何期望,这
都是不可能的。如果一个人的所得并不取决于他手中资源所提供的市场价
格,那么他又有何动力去寻找价格传递的信息,并根据这一信息采取行
动呢?

　　……

　　自由,仅对那些负责的个体来说,才是合理的目标:我们并不认为疯子
和小孩应当拥有自由。我们必须采取某种办法在负责的人和其他人之间画
出一条明晰的界限,然而这么做会给我们最终追求的自由这个目标带来更
为根本的模糊性。对那些被划归为不能为其行为负责的人来说,我们不能
不为其提供家长般的照顾和管教。自由不可能是绝对的,我们的确生活在
一个彼此相互依赖的社会中。之所以必须对我们的自由加以限制,是为了
避免更坏的限制。然而我们在这一点上已经走得太远了。眼下的当务之急
是消除这些限制,而非再增加限制。一个社会若是把平等(即结果平等)置
于自由之上,那么最终的结果是既没有平等也没有自由。运用强制力量来
追求平等,只能摧毁自由;而且,强制力量,即便最初是为了实现良好的意图
才使用的,最终也会为一小撮人所攫取,使他们以之来谋取私利。相反,一
个社会若是把自由置于平等之上,那么最终不仅会增进自由,也会增进平

等,后者可谓无心插柳之作。虽说平等的增进不过是无心插柳之作,但这绝非偶然。在一个自由的社会当中,人们的精力和才能得到了释放,都可以追求自己的目标。自由的社会防止了专断的压迫,当然它确实不能防止某些人取得较高的社会地位和各种特权。但是只要坚持自由,这些社会地位和各种特权就不会变成制度化的安排,成功者的地位和特权,时时面临着有能力和有雄心的竞争对手的挑战。自由意味着多样性和流动性,只要有自由,今日之穷困潦倒者就有机会成为明日之飞黄腾达者;在此过程中,几乎上上下下每个人都能受益,都能享受更加健全、更加富裕的生活。

谁在保护消费者和工人

对消费者的最大威胁是垄断——不论是私人的还是政府的垄断。保护消费者的最有效的方法是国内的自由竞争和遍及全世界的自由贸易。要想使消费者不受单一的卖主的剥削,就必须存在其他的卖主,消费者能向他购买,而他也希望卖东西给消费者。禁酒运动是为了我们自身利益开展起来的。酒是一种危险物,每年因饮酒过度而丧生的人数,往往超过食品与药品管理局管制的所有危险物毒死的人数。但是禁酒运动究竟导致了什么样的结果呢? 结果是谁喝酒谁就犯有违反国家法令罪,从而政府只能建造新的牢房和监狱以收容罪犯。艾尔・卡彭(Al Capone)及巴格斯・莫兰(Bugs Moran)二人可谓臭名昭著,他们谋财害命,敲诈勒索,拦路抢劫,并且非法酿酒卖酒。那么谁是他们的顾客? 谁买他们非法供应的酒呢? 向他们买酒的正是一些受人尊敬的公民,他们绝不会赞同或参与艾尔・卡彭及其同伙干的那种罪恶勾当,他们只是想喝一点酒。为了喝上一点酒,他们不得不违反法律。禁酒运动没有能阻止人们饮酒,它只是使许多在其他方面遵纪守法的公民变成了违法者,给饮酒这件本来很平常的事披上了一层神秘的外衣,从而吸引了许多年轻人。它压制了许多具有制裁作用的市场力量,这些力量通常可以保护消费者不受质量低劣的、弄虚作假的以及有危险的产品的损害。它腐蚀了向法律谄媚之徒,并使道德风尚败坏,但并没有阻止酒的消费。

……

当工会通过限制从业人数的方法使自己的会员获得高工资时,这种高工资的代价就是其他工人就业机会的减少。当政府向其雇员支付较高工资时,这种高工资的代价就是损害纳税人的利益。但是当工人们通过自由市场获得较高工资和较好工作条件时,当雇主为雇用优秀员工而开出高工资时,当表现优异的工人获得高工资时,这种高工资的实现不损害任何人的利益。它来自于更高的生产率、更大的资本投入以及更加先进的技术。蛋糕被做大了——不仅是工人得到了好处,还有雇主、投资人、消费者,甚至是政府官员。这就是自由市场制度在整个社会中分配经济利益的方式,这就是在过去两个世纪中工人的工作生活环境得以巨大改善的原因所在。

选自[美]米尔顿·弗里德曼、罗丝·D.弗里德曼:《自由选择》,张琦译,机械工业出版社 2013 年版,前言、第 13 ~ 24、69、147 ~ 148、230 ~ 231、252 页。

4. 拉弗、摩尔、塔诺斯[①]

供给学派与低税率政策

纸巾上的拉弗曲线

供给学派经济学背后的理念是减税能够促进经济增长，这一点并不新，也不激进。拉弗一开始就点出这并不是他们的理论。在那么多经济学家中，亚当·斯密首先解释了征税对行为的影响，他这么写道：一种重税，有时会减少所税物品的消费，有时会奖励走私，其结果是，重税给政府所提供的收入，往往不及较轻的税所能提供的收入。可能会让某些朋友惊讶的是，连主张扩大政府规模的凯恩斯——他的观点已经成了20世纪许多时期的政策教条——也理解拉弗曲线的动态含义，他在1931年的文章中以他惯有的辞令写道：税率可能太高以致无法实现原有的目标……假如有足够的时间采摘成果，减税也许比增税更有可能平衡预算。取今天一个相对应的例子，一

---

① 阿瑟·拉弗(Arthur Betz Laffer,1941—)，美国经济学家，供应学派代表人物，曾任里根政府的经济顾问；代表作有《财政政策：金融分析师指南》(1985)、《繁荣的终结》(2008)、《重返繁荣》(2011)等。史蒂芬·摩尔(Stephen Moore,1960—)，《华尔街日报》评论版的高级经济作家，全球著名财经媒体CNBC经济学顾问，增长俱乐部前总裁；代表作有《私有化驯服赤字》(1988)、《仍然开放吗：移民政策与美国经济》(1994)、《看好布什：为何所有权社会将让美国更强壮》(2004)等。彼得·塔诺斯(Peter J. Tanous,1947—)，猞猁投资咨询公司(Lynx Investment Advisory LLC.)总裁兼CEO，财经投资作家。

个亏本经营的制造商选择提高价格,销售的减少会增加损失,经过简单的计算之后,他会选择将价格提得更高。高税率减少了生产的激励。

……

要理解原因,我们考虑一下鲁滨孙·克鲁索和其他三个可怜人被困在荒岛上的例子。我们的朋友身处困境,他们又饿又冷,没有衣服,除了寒冷的海滩和潮湿的洞穴没地方可睡。他们生活在萧条经济当中,因为没有人提供食品和服务。他们想要有住房、食品、衣服、干净的水,他们愿意用任何东西来换这些必需品。他们的问题是供给,而不是需求。当然,他们要生存下来,关键是开始生产东西,寻找和搜集食品,用竹子搭房屋,猎杀动物以觅食。岛上的四个人中,鲁滨孙拥有超强的生产力,太阳升起前就起床,采摘果实、打猎、生火,剩下的时间他砍下毛竹建造小屋。他把自己的部分劳动成果与朋友分享,但把大部分留给了自己。他是四人组中的企业家。另三个人又馋又懒,听天由命。他们睡懒觉,躺在沙滩上抱怨他们的不幸遭遇。一天,这三个懒虫聚在他们同伴所建的小屋里,决定该岛将实行民主制度,"执政委员会"决定对所有产品征收90%的税,包括火、果实、小屋、肉、椰子汁,等等。他们说这是正义之举,因为这是弥合该岛不断增长的贫(他们自己)富(鲁滨孙)差距的唯一"公平"办法。他们一边品尝着鲁滨孙供应给他们的食品,一边愤怒地抱怨道,为什么鲁滨孙拥有这么多,而他们却一贫如洗? 不过,现在鲁滨孙在新规则下再没有任何动力。他觉得在90%的税率下,另外三个人拿走了他所生产的90%,这根本不公平。鲁滨孙决定罢工,整天消磨时间。不过他很快发现必须工作,不然就要挨饿,晚上还要受冻。于是他搬到了岛的另一边,以躲避委员会制定的高税收。他走向了"地下经济"。他寻找水果、果实和蔬菜,他找到了食物,然后很快全部吃掉,不告诉另外三个人,不然就得把东西的90%交给他们。换言之,他在逃税。他不向另外三个人汇报自己的收入。这三个人发现自己的处境更差了,于是他们决定将税率提高到95%。6个月后,一艘船抵达该岛,发现岛的一边有三具尸体,在另一边找到了一个健康的幸存者。我们从这个鲁滨孙的故事中可以发现,90%的税率并不会导致一个公平的分配结果,结果是产出减少甚至匮乏,每个人都削减了自己的生产工作。

拉弗曲线的逻辑

这似乎是很简单的数学,如果你提高税率,直接的效果便是税收会增加。税率提升一倍,税收就应当增加一倍;税率降低一半,税收也应当减为一半。毫无疑问这是能预期的结果。但经年累月的观察使人质疑其真实性。相反,历史已经证明了另一种结果的真实:政治家往往过高估计提高税率所增加的收益,同时也过高估计降低税率所带来的税收减少。如何解释这个谜题? 首先,在真实世界里,增税的效应是减少工作的激励,像乔治·哈里森、米克·贾格尔和好莱坞演员罗纳德·里根所发现的那样。如果政府打算抽走一半甚至更高的收入,工人和企业家为什么要拼死拼活地干呢? 此外,高税率会促使高收入者雇用高价的会计和律师用各种避税办法减少税负。高税率也会导致人们从高税率地区搬到低税率地区。低税率则有相反的效应:更高地激励工作和企业家创造财富(有更少的激励避税)。这种财富创造过程提供了更多的机会,这就比所预期的创造了更多的税收。拉弗曲线的另一个洞见是,在零税率和100%税率这两个极端之间,有两个税率会获得相同的税收:一个是小税基上的高税率,另一个是大税基上的低税率。拉弗曲线并没有说减税会提高还是减少收入。税率变动所带来的收入变化依赖于当地的税收体系、所考虑的时期、转入地下经济的难易程度,以及法律漏洞的程度。沿着曲线的形状,你会注意到,当你获得最多的收入以后,再提高税率,税收就会减少。理论简单地告诉我们在这些较高税率部分(过高区域),存在对赚更多钱的负激励,导致税收的降低。归根结底,关键是工作、投资、承担风险和赚钱的激励。

……

激励在生活中非常重要,它引导我们的行为,有时甚至是潜意识。记得我们在生物课上都学过的著名的巴甫洛夫的狗案例吗? 巴甫洛夫一摇铃,狗便得到了款待。经过重复实验以后，摇铃便会让狗流口水。不管我们喜不喜欢，我们都是巴甫洛夫意义下的生物，刺激产生反应。在许多情形下，奖励工作会导致更多的工作。如果你付钱给不工作的人（通过福利项目或其他收入转移）或用重税惩罚那些工作的人，人性会让人们不愿意工作。多数人都会努力帮助我们的同胞，但人非圣贤。我们是有公德心和慈善心的生物，但我们首先关心自己和家人的福利。我们工作并非为了纳税，如果人们会全力帮助他人，并花掉与所纳税一样多的钱，那就没必要强制征税。但是几千年的经验告诉我们，人们会避税，并常常尽一切可能将支付最小化。联邦政府有一个自愿项目，报税员可以向政府捐助他们应缴税以外的收入，以减少国家所承担的债务。这个基金的捐助者不到 300 万，或者说不到 1.3 亿填写税表的美国人的 3% 。供给经济学派对凯恩斯经济学信条提出了关键的挑战，并因此被抵制。后者的理论是基于英国著名经济学家约翰·梅纳德·凯恩斯所提出的假定，那就是在衰退时期，政府应当刺激对食品和服务的需求，让空闲的资源重新投入工作。相反，供给学派认为不在于对食品和服务的需求不足，而是生产不足。毕竟，像孟加拉国和非洲诸国这样的穷地方不存在需求不足，他们的问题是无力生产足够的食品和服务——供给不足。

……

当然，除了拉弗曲线所表明的高税率有害以外，供给经济学派还有其他主张。事实上，左派喜欢嘲讽供给经济学派家相信"减税是解决所有问题的方案"。……税很重要，但供给经济学派所主张的是通过各种激励，扩大经济内部商品和服务的供给。供给学派理论是基于一系列减税以外的政策：自由贸易，稳定的价格与健全的货币，适度和有效的产业管制，鼓励工作的福利政策改革，一般化的移民政策，更廉价和有效的政府。

……

拉弗在 1984 年第一次提出了单一税方案，除了少量联邦税以外废除所有税收，包括现有的所得税、社会保障税、公司利润税、资本所得税，以及遗产和赠予税。这些税将被两种单一税种所代替,公司税和个人所得税。在最低的免税额下,就算没有拉弗曲线效应,单一税率也能比它所代替的税种获得更多的收入。如果拉弗曲线发挥作用,收入还能进一步提高。请记住一个重要原则:好的税收体系是低税率、宽税基。低的单一税率的好处是能最小化纳税人逃税的激励,人们总是寻求正的激励,逃避负的激励。拉弗的单一税率替代了绝大多数联邦税:个人税、公司所得税、社会保障工资税、遗产和赠予税,以及大量次要税种。相对于所产生的经济成本,这些税种几乎没有增加多少收入。单一税率一方面能够拓宽税基,另一方面显著降低了最高边际税率,从而有效地去除美国联邦税收体系的无效率性。最大可能的税基加上最低可能的税率,人们就既没有能力同时也没有激励去逃税。逃税的激励少了,这是因为监督这类活动的相关成本降低了。此外,低税率也更鼓励人们工作和生产。

选自[美]阿瑟·拉弗、史蒂芬·摩尔、彼得·塔诺斯:《繁荣的终结》,王志毅译,凤凰出版社2010年版,前言、第29~34、38、40~41、222~223页。

5. 塔洛克[①]

质疑收入再分配

再分配的理由

无论从数量还是质量上来看,对这个领域的研究都还远远不够。出现这种状况的原因可能是受一种观念的影响,即再分配本质上属于道德范畴,而不是科学要研究的问题。人们反对某种收入再分配方案基本上也是出于道德的考虑。他们认为科学和道德是不能很好地融合在一起的。大多数人还认为,科学应该为道德服务,这种观念使得他们不重视建立在收入再分配方案基础之上的科学研究。既然再分配方案是否合乎道德的要求取决于人们用哪种道德标准来衡量,那么人们就有了足够的动机去赞成或者反对某些方案,而不再进一步研究方案本身了。也许正是这种对道德的重视,使得大多数关于收入和财富再分配的讨论都集中于一点,而这一点只是所有收入和财富再分配中的很少一部分。当然,大部分现代国家为了实现再分配

① 戈登·塔洛克(Gordon Tullock,1922—2014),美国经济学家,公共选择学派的著名代表,专注于法学与经济学的交叉研究,并创立公共选择研究中心、寻租理论和《公共选择》杂志。他曾经就职于美国外交部(1947—1956),任教于南卡罗来纳州立大学、弗吉尼亚大学、莱斯大学、弗吉尼亚理工学院和乔治梅森大学等;代表作有《同意的计算》(1962)、《官僚政治学》(1965)、《收入再分配的经济学》(1984)、《论投票:一个公共选择的分析》(1997)等。

的传统道德目标,确实会在某种程度上帮助穷人。然而,毫无疑问这也仅仅只占政府整个收入再分配方案中的很小的一部分。

慈善捐赠

尽管对穷人进行收入再分配有很多"理由",但这些理由又不仅仅是对慈善动机的重新表述。霍克曼和罗杰斯因仔细考察慈善动机而著名,但他们称之为"效用函数的相互依存性"误导了一些没有学过经济学的读者。事实上,这只是慈善之心或者利他主义的一个更加复杂的名字。不管怎样,人们多次努力寻找理由,证明帮助穷人不是简单地由慈善之心引起的。阿巴·勒纳是最早提出这个观点的人。他指出,如果收入的边际效用是递减的,那么在给定的产量水平下,收入的平均再分配能实现社会的总体效用最大化。当然,勒纳担心平均主义会降低总产品,认为一个社会应该寻求能实现效用最大化的最佳点。以实现效用最大化为目标的第二个问题是,为了使勒纳定理起作用,尽管布瑞特和卡伯特森把它现代化了,也很有必要假定所有人在给定的收入水平下都有完全一样的创造效用的能力,或者说我们没有任何有关这种能力的信息。在同样的收入水平下,如果不同的人能创造出不同的效用,那么为了把收入集中在能有效地创造出效用水平的人手中,勒纳原则可能会导致收入再分配的极度不平均。我们来看一个非常鲜明的例子。那些患有多发性硬化症的人,他们高度残疾,永远都不能自由活动,其收入所产生的效用当然是少之又少了。用于帮助这些人的每一美元所产生的边际效用是非常低的。如果我们试图实现总体效用最大化,我们自然应该减少对这些人的支付,同时增加对马里布(Malibu)的海滩男孩的支付。在我看来,本书的读者中没有一个人会赞成这种政策。在罗尔斯的辩护中存在着一个更严重的问题:它实际上只是一个道德理论。他并没有说我们是处在无知之幕后面,而是说如果我们是的话应当怎么做。我不是挑剔他的道德理论,而是实际上有其他的人持有不同的道德观点。

关于慈善捐赠首先要说的是,它们被我称作"超最优选择"。假如我挣了 1 美元,而能使我得到最大效用的花费方式就是把它捐赠给其他人。从这次捐赠中,我能得到价值 1 美元的效用,同时接受我捐赠的人也得到了整整 1 美元的效用。同一种产品以它的全部价值提高了两个不同的人的效用。很明显,这远远好于我们通常所期望的,能从具有利己主义的人们之间的交易中所得到的结果。据说,在这样的情形下,存在一种镜像。假设我嫉妒你,并且你得到 1 美元会降低我的效用,在这种情况下,从社会的角度来看,从你的收入中得到的回报,每美元可能会少于 1 美元。的确,如果很多人嫉妒一个有钱人的话,那么他得到的每一美元实际上都有可能降低总效用。另外,这些有关效用的推断并不是毫无实际依据的。通过运用需求推导过程,我们可以测量向其他人支付 1 美元,人们能得到多少收入,或者会遭受多少损失。测量过程不是以效用形式进行的,而是用货币,或者其他记账单位。

　　不幸的是,这些测量方法虽然可以采用,但却是非常昂贵的,而且我们有理由使用它们,除了可能在少数实验中会用到。这种效应的大致方向是明确的,所以没有必要采用精确的测量方法。然而为什么单个市民要把政府作为转移支付的一种手段,而不是直接捐给穷人呢? 当然,这样做可能有管理上的优势,但我不相信这些优势非常大……没有向个人进行直接现金支付的一个可能原因就是,不信任接受者有判断他自己效用的能力。第二个原因是对他的效用缺乏兴趣。我们可能想做的是有利于他的事情,而不是增加他的效用。假设一位中世纪的牧师认为,所有人都应该早晨五点钟起床,在集会前禁食这一点是非常重要的。他知道,大多数农民不愿意这样做,而且把它视为一项烦琐的工作。如果牧师有权力的话,我们就无法阻止他强制那些农民照他的要求做,因为他觉得由他来判断什么对农民有利比他们自己来判断更准确。这种观点并不局限于中世纪的牧师,事实上,很多人都有这样的看法。

　　……

　　我们可能选择物品而不以现金形式进行捐赠的另外一个原因是,我们真的没有试图让我们慈善事业的接受者得到的好处跟我们努力改变我们所生活的环境的程度一样多。比如说,我们可能会觉得一群破旧的房子缺乏美感,希望看到这些房子的状况能改善,至少在外表上变得好看一点。同样,我们可能希望孩子们都洗得很干净,看起来都很健康,而不愿意让他们玩泥巴和吃糖果。这是我们在慈善活动中可以观察到的动机的一个例子。当然,这种动机可以与提高效用的愿望混合在一起,为此,也混入了确保我们认为好的事情已完成的动机。所有这些动机彼此之间都能很好地协调。如果一个人拥有一个或者更多其他的动机,那么他不可能最大化地实现这三种中的任何一种动机。有可能他可以最大化地实现某种功能,而这三种动机都有助于这种功能的实现。在我的印象中,事实上大多数参加救济活动的人就是这样做的。还有第四个,稍微有点险恶的动机。

……

比如说,在一个不发达的国家用 1 亿美元建造一个钢铁厂的建议比给这个国家的每个市民支付 2.25 美元的建议看起来要诱人得多。如果钢铁厂项目需要五年来完成,那么它大约相当于给这个国家的市民每人每年 0.45 美元。我要说的是,这个国家的市民每年有了 0.45 美元后的状况要比有了一个钢铁厂要好得多。毕竟,如果这个国家是生产钢铁的好地方,那么国际资本市场无疑会有兴趣向这家钢铁厂提供贷款,同时每年得到 0.45 美元的人,如果他们自己选择的话,也可以把这些钱投资于一家钢铁厂。也许,他们不会这样做。然而实际情况并不是修建钢铁厂更好,但是国务院的官员做好了准备坚持说这个方法更好。因为如果是进行直接现金支付的话,他们会丢掉乌纱帽。这个钢铁厂也不会在没有援助的情况下修建起来。对一个国家进行某种大量的资本投资比仅仅给他们这些资本要好很多,许多人都持有这个观点。也许,它反映了一种清教徒的想法,他们不应该消费,但应该储蓄。然而我认为,其中一个更重要的原因很简单,就是它允许我们不用考虑我们的援助项目以每个人来计算的话有多微小。

……

虽然这个关于人类行为的卡拉布里斯和博比特假说并不是完全正确的，但我从直觉上发现它看似正确，其实并不正确，而且我猜想我的许多读者也会有这种想法。我给出的这个假说，从本质上说明了我们并不像我们想象中的那么善良，而且我们采用了一种方法来掩饰自己缺乏慈善之心。我想不出任何具体的实践试验能用来判断卡拉布里斯和博比特假说是否正确。如果这个假说是正确的，那么它会带来一些令人很不愉快的结论。第一个结论就是，我们无法以一种客观的方式来仔细考虑这种类型的慈善捐赠。在自觉的水平下，决定采用一种慈善的方法，向我们自己隐藏了我们愿意捐赠的限额，这个决定本身就撕破了这层神秘的面纱。换句话说，在这种情况下，为了向我们自己隐藏这些慈善捐赠是有限度的这个事实，我们有必要采用一种不适当的、低效率的慈善捐赠方法。为了成功地隐藏这个事实，我们必须不去考虑所使用的方法。因此，最终的结果是我们必然会犯错，并不是因为我们作为人类就注定要犯错，而是因为我们没有经过仔细考虑来选择一种方法。这种方法的目的是避免仔细地考虑，因为仔细考虑后的结果是我们所厌恶的。

……

我并不是建议人们行动要与语言相一致，而是建议他们语言要跟行动一致。换句话说，我建议我们要修正我们的语言，而不是改变我们的行为。就像大多数经济学家那样，我常常会认为，人们的行为比语言更好地代表了他们真正的想法。但是这个关于道德改革的特殊建议并不是我这里的重点。我的重点是，在写这本书时，我有必要说一下某种最优的再分配。在我看来，从人们说的话中来找最优的再分配是很不明智的。因此，我对人们到底怎样进行再分配的比他们说过的有关再分配的话更感兴趣。

政府与现代福利国家

政府部分来说是生产公共产品的机器，但现代福利国家更是一个向那些因为某种原因而拥有了政治权力的人创造转移支付的机器。然而这些转移机制的确是非常复杂的,而且我相信参与这个行动的大部人都会部分地隐藏真实动机。更确切地说,我猜想他们有两种动机:一种是帮助别人的微弱动机,另一种是帮助自己的强烈动机。他们觉得在他们做出决定时,不需要把这两种动机区分开来。此外,他们通常会谈论他们帮助别人的愿望,当然,偶尔会说起帮助自己的愿望。得到转移支付的穷人也是这样:他们经常说起帮助别人的愿望,而不是帮助自己。我相信他们境况没有变得更好的原因是他们在议价时的弱势地位。

……

人们支持现代福利国家最常用的理由就是它能够帮助穷人。我不会对读者隐藏我个人的观点,福利国家在对穷人的帮助上并不比之前的国家做得更好。帮助穷人是政府的行为特征,而不论它是独裁政府还是民主政府。在这方面,也许民主政府更加慷慨,但我们并不确切地知道。同样我们也不清楚向民主政府的变迁对穷人而言能否意味着生活相对改善。几乎肯定的是,它阻碍了增长,结果和所有其他的政府一样,穷人的生活变得糟糕了,但是没有足够的研究能够使我们确信,相对来说它使穷人受益了。我个人的观点是它并没有使穷人获益,并且事实上还有可能轻微地损害了穷人的利益,不过这并没有获得广泛的认同。

选自[美]戈登·塔洛克:《收入再分配的经济学》,范飞译,上海人民出版社 2008 年版,第 1~2、9~11、57~60、65~66、70、92、113、216~217 页。

二

制度经济学

1. 加尔布雷斯[①]

两种体制与新社会主义

经济学与说服的力量

尽管表面上的神权色彩比较淡薄，但经济学本身（尤其是关于市场选择权这一部分）已将公司置于为某种更高的神性意志提供服务的地位，这样一来，公司就不需要为它的所作所为负责，或者说，它只负有最低程度的责任。它只对市场的"神性意志"负有责任。倘若它生产的产品或提供的服务没有价值，或者危及人们的健康，或者对空气、水、风景或生活的宁静造成破坏，那么，公司并不会因此而遭到责难，由此可见，这其中所反映的似乎只是公众的选择。如果人们遭到了某种虐待：那是因为他们自行做出了愿意承受虐待的选择。如果经济模式在某些情况下出现失常，那是因为人们行为模式变得失常。于是，那些为了自身利益而滥用权力的经济组织，尽管理应遭到人们的普遍反对，却可以在正统经济理念中（至少可以在很大程度上）获得理解和包容。事实上，如果公司需要运用它的这种权力的话，我们将会看

[①] 约翰·肯尼斯·加尔布雷斯（John Kenneth Galbraith，1908—2006），美籍加拿大裔经济学家，曾任哈佛大学经济学讲师、《财富》杂志编辑、美国物价管理局副局长、战后美国战略轰炸调查团团长和美国国务院经济安全政策室主任和美国经济学学会会长；代表作有《美国资本主义：抗衡力量的概念》(1952)、《1929年大崩盘》(1955)、《丰裕社会》(1958)、《一个永久开明人士的记述》(1971)、《经济学与公共目标》(1973)和《不确定的年代》(1976)等。

到,这种权力所蕴藏的"神性意志"这一信念是多么实用,培养这样的信念,
又是何等的物超所值。

……

考虑到在当代经济体系中权力运用的方式,培养这种实用性的信念就
变得尤其重要。如前所述,关键的一步,就是要引诱个人放弃他通常追寻的
目标,转而接受其他个人或其他组织的目标。实现这一点有多种途径。运
用体罚进行威胁(监牢、鞭刑、电刑,等等),可以说是一种古老的传统。在经
济上进行掠夺,同样是一种久已有之的方式——如果一个人不愿为了获取
工资而工作,那么饥饿或者他人对其贫穷处境的轻视,就会使他被迫接受雇
主的目标。相比之下,进行说服是一种更为重要的手段——改变个人的信
仰。这样,他就能够逐渐接受一个事实,即别人或别的组织的目标,总是优
于他自己的目标,这是因为在现代社会中,暴力手段尽管原则上仍为许多人
所接受,但在实践当中,它总是会引起非议。另外,随着收入的增长,人们也
愈来愈具有抗击打能力——他们不再惧怕经济掠夺带来的威胁。因此,进
行说服(我将在后文中探讨它的形式)开始成为运用权力的某种方式,而传
输这种意象的经济学指导方案同样是必不可少的,它会说服人们相信,组织
的目标其实就是他们自己的目标——它致力于为这样的说服工作铺平道
路。经济学对于权力运用所起的作用,或许可以称之为"工具的作用"。之
所以说它是"工具",是因为它的作用不是帮助我们理解或改善经济体系,而
是帮助体系中那些拥有权力的组织和个人实现自己的目标。经济学的特征
之一,就是它每年都会通过学者和舆论之口,将实用性的经济理念灌输给千
百万学生。尽管这种灌输过程效率低下,然而它仍然可以把一整套虽然具
有严重缺点却便于应用的理念灌输到许多人的头脑中,绝大多数人很容易
受到这些观念的影响。他们会不知不觉地接受那些他们原本应当予以批判
的思想;那种对于经济生活可能采取的质疑和挑战的态度,会被一种更加缓
和的、不温不火的立场所取代。

……

经济体系由个人（消费者或公民）所控制，并不意味着权力得到了平衡的分配。一个久已公认的看法是，一个在选举中投票 10 次的公民，其权力要比在其他所有方面有着同等条件但只投票 1 次的另一个公民大十倍。同样，在绝大多数情况下，一个控制着 10 张选票的人所拥有的权力，要比只拥有他自己那一张选票的人的权力大十倍。同样，假如一个人每年的花费是 7 万美元，而另一个人每年的开支只有 7000 美元，那么对于生产者应该生产什么样的产品这一问题，前者所拥有的权力要比后者大十倍。这对于一个社会的民主形象而言，显然是一个弱点，但无论如何，权力仍然是归属于个人的，只是在权力的使用方面，有些人对权力的支配程度无疑会超过其他人。在经济的私有和公有部门当中，经济资源（资本、人力、原材料）如何配置到生产工艺中，要取决于（即便不是全部，起码也是在很大程度上）生产者的权力。而且，随着经济的发展，它对于这种权力的依赖性也越来越大。这是经济体系的一个基本倾向。在新古典主义模式下，生产要受到消费者和公民的选择权的控制。或者说，生产规模在很大程度上，要取决于他们的实际需求和收入水平。

……

而且它（新古典经济学——编者注）是一种派得上用场的理论。学生们来上课了，必须得给他们讲点什么，新古典主义经济教材就是现成的材料。它还有另一种作用：它可以无休止地使自身的理论体系不断细化。当它的理论变得越来越复杂时，它会给人一种越来越细致、越来越精确的印象。当个别令人无比困惑的问题貌似得到解决以后，它的理论体系，自然会给人一种值得信赖的印象。如果经济学家完全把心思放在"他获得的数据和技术性细节"方面，他就会忽略一切社会后果——他的注意力即已在别的方面，他甚至会在良心不受谴责的情况下，"支持一种对大多数人而言有害无益的经济体系"。但是我们不应当认为，传统的或新古典主义体系目前的根基是牢固的。理论应当与现实紧密地结合在一起，二者之间的纽带不应当拉得太长。没有人会相信，住房事业和空间探索的发展应当齐头并进是消费者的意志的反映;也没有人会认为,在不同的经济部门之间,工资收入的发展有区域平等的趋势。这种理论一定会被抛弃。不切实际地将理论体系不断细化,最后也会出现同样的结果。它迟早会变成一种类似游戏的东西,而不是经得起检验的学术成就。近年来,新古典主义模式正在失去群众基础——尤其是在年轻一代的学者当中,这一点不足为奇。新古典主义模式被抛弃而产生的结果之一就是人们重新燃起了对马克思主义的兴趣。马克思主义体系一度成为古典经济理论的出色的替代品,其中的许多信条,与新古典主义模式那些可疑的假设形成鲜明的对照。马克思主义体系认为,大企业扮演着相当重要的角色。企业及其所有者(资本家)并不缺少权力。大企业在技术上具有优势,这是合情合理的,而且它们正在彼此靠拢,并有合并成少数几个规模更大的垄断集团的趋势(这也会使资本家的彼此支持和合作变得更加频繁和密切),这也是理所当然的。这些企业的资本家,并不是政府的奴仆或下属;正相反,政府却相当于他们的执行委员会。

……

我并不同意这种看法(我接下来将会加以解释)。马克思固然看到了资本主义发展趋势的大部分,然而他并不具有超自然的力量,在他所处的那个时代,他不可能预见到后来发生的一切。自从马克思去世以后,经济领域发生了许多变化,我们现在必须对它们进行深入分析。当然,由于他的思想体系在相当长的一段时期内,曾经受到过不公正的对待,因此如今要全面地接受他的思想体系,显然需要诚实和勇气。然而从另一方面说,完全接受他的理论,就意味着要以一种并不完善的见解,来代替关于经济社会的另一种全新的见解。在接受当今经济社会的真相的过程中,我们同样需要诚实,或许也需要勇气。

新社会主义

政府能做到全身心地为公共目标服务,才有可能考虑如何开展那些须由政府采取行动的改革计划。从逻辑上说,改革需要分成三个部分。首先,需要大幅度提高市场体制的权力和能力,促进它相对于计划体制的发展程度,继而从市场体制这方面着手,缩小两种体制在发展上存在的权力的不平衡。这里面应当采取的步骤,包括缩小计划体制和市场体制在收益上的不平衡,以便改善市场体制的谈判地位和谈判理论,减少计划体制对它的剥削,我们可以把它称为"新社会主义"。出于实际需求而产生的新社会主义的发展,已经超出了绝大多数人预计的程度。接下来,涉及计划体制的政策改革,即要对政策的目标进行调整,使之适应,而不是驾驭公共利益。这意味着要限制在过度发展的经济领域内的资源使用,要让国家资源为公众而不是为计划体制服务,要将环境保护作为最高目标之一,要使技术服务于公众的利益,而不是专家组合的利益。以上这些,就是在改革战略中需要考虑的第二步。最后一点,必须对经济进行控制。问题是,需要控制的不是一种经济,而是两种经济——一种受市场的支配,而另一种则要听命于它的组织的指令。对经济进行控制,是推行总体经济战略的最后一步。

　　选自[美]约翰·肯尼斯·加尔布雷斯:《经济学与公共目标》,于海生译,华夏出版社 2010 年版,第 6～8、11、29、31～33 页。

2. 海尔布隆纳[①]

积聚欲望与权力制度

社会制度的本质和逻辑

长时间以来,我一直设想通过考察经济状况来探讨资本主义经济发展的情节。"情节"(scenarios)一词可能有点耸人听闻,但是我认为用这个词还是比较贴切的,因为它意味着资本主义发展的一系列事件讲述了一个个故事,同时也记录一幕幕历史戏剧,这一幕幕戏剧在《国富论》和《资本论》中有最突出的展示,在大多数经济学家的作品中都有某种程度的体现。……大体而言,我们将资本主义本质视为对行为进行规范和塑造的各种制度和关系,将资本主义的本质视为由其内核产生和引导的结构变迁模式。要将任何制度的历史整体概念化都需要考虑制度的本质和逻辑。正如我们已经看到的,仅仅描述资本主义世界的商业方面无法捕捉到其有序的特征,因此,仅仅针对系统内无形立场的描述无法体现出其运行状态,也无法展示其

---

① 罗伯特·L. 海尔布隆纳(Robert L. Heilbroner,1919—2005),美籍德裔犹太经济学和经济思想史学家,第二次世界大战期间曾就任于加尔布雷斯领导下的美国价格管理局,战后短暂就职于银行,后开始从事学术研究,专注于历史、经济学与哲学的跨学科研究,1972 年被选为美国经济学学会副会长;代表作有《改变世界的经济学家》(1953)、《马克思主义:支持与反对》(1980)、《资本主义的本质和逻辑》(1985)等。

导向的历史轨迹。资本主义最重要的要素之一就是永不停歇、贪得无厌地榨取财富的强烈需要。之所以会产生这种无穷欲望，是因为财富与权力是不可分割的。资本在很大程度上具有指挥他人和让他人服从的力量，这就是权力。

资本使社会关系的思想直接导致了一种核心的关系：统治关系。在这里，我们肯定会立刻注意到资本所有者实行的统治和其他方面的社会权利所有者实行的统治之间的现有区别。军队、教会当然还有国家的统治直接通过身体或精神惩罚（这些惩罚甚至包括死亡或同等的精神惩罚）的实施或威慑，获得了塑造行为的权力。也就是说，这些当权者在对那些不服从自己命令的人施加惩罚时其直接获得法律权限之内的行为。在社会化过程的影响下，仅仅展示出权力的象征就已经足够了，不必发挥其实际威力，但是动用强制力或者施加惩罚的能力仍然是统治能力的本质。

……

资本行使权力的方式虽是隐性的但又是实质性的。资本所有者无权直接使用武力对付拒绝与自己进行交易的人。当然，商人或者工业雇主可能诉诸国家权力来执行合同协议；而且，国家通常，尽管不总是如此，或者出于法律的必要，愿意出借惩罚性的力量去打击罢工、解散纠察队，为保护贸易路线和前哨基地或生产场所提供武装警卫。尽管如此，强制力本身仍然属于国家而非资本家；而且，当资本家运用暴力手段时，这是一种篡权而非权力的正确使用。总之，一个机构行使鞭笞、加污名、残害、驱逐出境、束缚、监禁或者处死违背自己意志的权力与一个机构终止其支持的权力（无论那样的支持对生活是多么的重要）是有本质区别的。即使我们假设所有的资本都由一个资本家管理，他拒绝出售商品或者拒绝购买劳动力所导致的饥饿与国王将其反对者投入地牢里导致的饥饿是不同的，因为资本家没有权力禁止他的受害者转移到其他地方或者上诉到国家或其他机关来对抗他。

资本积聚的欲望

资本主义的统治关系有两个：一个一无所有的人对社会的依赖，不存在这样的依赖关系资本就无法施加其组织影响力，历史学家已经对这一方面进行了非常详尽的考察，特别是封建关系让路于资本主义关系时期的研究很多。这里，我想探讨的是另一种思考，这一方面较少得到验证，即资本积累的永不停歇、贪得无厌的欲望。资本积累这一无休止的过程产生的缘由是什么？亚当·斯密找到了广为社会认可的答案："富人因富有而洋洋得意，这是因为他感到他的财富自然而然地会引起世人对他的注意……想到这里，他的内心仿佛充满了骄傲和自满情绪。而且，由于这个缘故，他更加喜爱自己的财富。"……声望和荣誉可以通过多种方式获得，其中，通过力量、勇气、智力、智慧或者其他特殊的力量皆可。这些都是个人的品质属性，与物品的占有关系很小或者没有关系，甚至跟拥有的权利也没有什么干系，然而，在很多社会里，声望差别与某种特殊的"声望物品"有关系……随后，这些物品就变成他或她个人的延伸或者装饰。正如威廉·詹姆斯很久前指出的："在一个人所称的自己和自己的东西之间，画出一条界线是很难得的。"马克思也认识到了这一属性，他写道："货币的力量有多大，我的力量就有多大。货币的特性就是我——货币持有者的特性和本质力量。"声望物品的重要性体现在追求"财富"存在的人性中，它是一种基本预设前提的戏剧化表现。积累资本的欲望有其他根源，我们以后将会谈到，但是声望和荣誉确实是非常突出的要素，亚当·斯密对此进行过描述……然而此刻，我们充分地认识到，积聚财富的欲望与权力是不可分割的，而且除非将它视为权力的一种形式，否则很难全面地理解它。因此，资本主义的社会形态必须首先被视为一种制度，是可与军事制度、宗教信念、帝国信仰等匹配的制度，资本主义是资本的组织制度。我们发现，当权力占据统治的主导地位时，通过这些资本组织制度，一些人控制了生产资料的使用权，这使绝大多数人成为被"雇佣"的人——资本家完成了对传统权利的替代。

资本制度

权力制度的悖论,是资本主义最神秘的属性之一。作为"经济学"中资本主义的理性代表,资本家阶级对市场没有任何控制力,只能被迫接受市场力量的摆布,又怎么能将该阶级视为制度中的"统治"阶级呢?当我们能够将资本主义描述为一种层级社会时,我们已经逐渐谈到了一个重点:在这样的社会中,财富积累实现了两个功能:一是声望的实现,连带的还有无意识的性和情感需求;二是权力的实现,连带其自身潜意识的要求和根源。当马克思称资本具有"自我扩张的价值"时,他是在强调作为权力化身的资本的功能。对于马克思而言,资本的本质是对劳动的统治;但是当凡勃伦强调资本引起的竞争性行为时,他显然是在强调作为财富的资本,其象征性特点与原始社会的声望物品之间的相似性。在资本主义社会形态中,资本的两个方面都可以被察觉出来,追求累积资本的过程部分是由于统治阶级要通过这种方式实现并更新资本对社会的控制,而且部分也是因为在社会经济学的世界中,这是出人头地和获得荣誉的典型手段。

在权力制度的悖论中,其主角主要意识到自己是无权力的,这是资本主义最神秘的属性之一。当资本家阶级本身就受到市场力量的摆布时,又怎能将该阶级视为制度中的"统治"阶级呢?冒着重复一些熟悉内容的风险,我还是要说,答案在于社会地位的根本不平等,这种不平等主要体现在各自获得生计要素的不同能力上。因此,我们可以看到无论以何种形式赢得利润,它都是基本的政治关系成功运行的体现。利润是资本主义的生命之血,不仅仅因为它是个体资本家获得用于扩张的资金的工具,而且因为它是统治关系得以证实的方式。不断产生的利润会产生欢欣的气氛,因为它证明了这一制度政治使命的实现,即根据它现存的原则和目的组织社会。对资本主义而言,利润发挥着与占领领土、掠夺军事政权,或者信仰宗教的人数增加一样的作用,或者发挥着与公认的国家机构合法化一样的作用,它们都是无形的权力结构、等级、特权和信仰的具体体现,这些都源于这一制度的本质,并形成了自身的逻辑。在所有有关商业制度的描述中,利润都是关键的经济变量,但是在任何资本主义制度的描绘中,它们必定是其核心历史任务的参数。

……

将资本主义从本质上视为一种"私有"的经济制度是一个深刻的错误。一个被忽视的功能是,资本在不经意中执行了政府的基本职能。最初仅按国家意愿而存在的资本,变得越来越公然反抗甚至凌驾于国家之上。资本主义与其他制度一样,中心组织原则及其制度影响了社会形态的方方面面,无论它们涉及的是物质生活、正义、社会秩序还是习俗和信仰;在朝贡社会中,发挥作用的原则是集权化的统治及与其相关联的贵族或者僧侣层级制度。而且,在资本主义制度中,正如我们经常提及的,发挥作用的是资本自我扩张的属性。资产阶级自我澄清的方式之一是对资本主义经济的中心活动——追求利润形成了新的态度。一方面,贪婪不再是一种罪恶而被视为一种"动机",另一方面,是对"占有"科学——经济学学科的发展。

选自[美]罗伯特·L.海尔布隆纳:《资本主义的本质与逻辑》,马林梅译,东方出版社 2013 年版,第 1、7、29、24~25、27~34、45~47、56 页。

3. 科斯[①]

生产制度与新制度经济

市场、企业与政府：生产费用理论

就事实而言，虽然经济学家们将价格机制作为一种协调工具，可他们也承认了"企业家"的协调功能，研究为什么协调在某一情况下是价格机制的工作，而在另一种情况下又是企业家的工作是极为重要的。本文的目的就是要在经济理论的一个鸿沟上架起一座桥梁，这个鸿沟出现在这样两个假设之间：一个假设（为了某些目的做出的）是，资源的配置由价格机制决定；另一个假设（为了其他一些目的做出的）是，资源的配置依赖于作为协调者的企业家。我们必须说明在实践中影响在这两者之间进行选择的基础。我们可以将这一节的讨论总结一下：市场的运行是有成本的，通过形成一个组织，并允许某个权威（一个"企业家"）来支配资源，就能节约某些市场运行成本。企业家不得不在低成本状态下行使他的职能，这是鉴于如下的事实：他

———

① 罗纳德·哈里·科斯（Ronald H. Coase，1910—2013），美籍英裔经济学家，新制度经济学的鼻祖，芝加哥经济学派的重要代表人物，1991 年诺贝尔经济学奖获得者。他曾就职于伦敦经济学院、弗吉尼亚大学等，杰出贡献是发现并阐明了交易成本和产权在经济组织和制度结构中的重要性及其在经济活动中的作用；代表作有《企业的性质》（1937）、《美国广播业：垄断研究》（1950）、《社会成本问题》（1960）等。

可以以低于他所替代的市场交易的价格得到生产要素,因为如果他做不到这一点,通常也能够再回到公开市场。这些引语表明了奈特教授的理论的实质。不确定性的存在意味着人们不得不预测未来的需要。因此出现了一个特殊阶层,他们向他人支付有保证的工资,并以此控制他人的行动。因为良好的判断力通常与一个人对其判断力的自信心相联系,所以这个特殊阶层起着作用。

……

但是企业并不是解决该问题的唯一可能的方式。在企业内部组织交易的行政成本也许很高,尤其是当许多不同活动集中在单个组织的控制之下时更是如此。以可能影响许多从事各种活动的人的烟尘妨害问题为例,其行政成本可能如此之高,以至于在一单个企业范围内解决这个问题的任何企图都是不可能的。一种替代的办法是政府的直接管制。政府不是建立一套有关各种可通过市场交易进行调整的权利的法律制度,而是强制性地规定人们必须做什么或不得做什么,并要求人们必须服从之。因此,政府(依靠成文法或更可能通过行政机关)在解决烟尘妨害时,可能颁布可以采用或不许采用的生产方法(例如,应安置防烟尘设备或不得燃烧某种煤或油),或者明确特定区域的特定经营范围(如区域管制)。实际上,政府是一个超级企业(但不是一种非常特殊的企业),因为它能通过行政决定影响生产要素的使用。但通常的企业其经营要受到种种制约,因为在它与其他企业竞争时,其他企业可能以较低的成本进行同样的活动,还因为,如果行政成本过高,通常市场交易就会代替企业内部的组织。政府如果需要的话,就能完全避开市场,而企业却做不到。企业不得不同它使用的各种生产要素的所有者达成市场协定。正如政府可以征兵或征用财产一样,它可以强制规定各种生产要素应如何使用。这种权威性方法可以省去许多麻烦(就组织中的行为而言)。进而言之,政府可以依靠警察和其他法律执行机构以确保其管制的实施。显然,政府有能力以低于私人组织的成本(或以没有特别的政府力量存在的任何一定比例的成本)进行某些活动。但政府行政机制本身并非不要成本。实际上,有时它的成本大得惊人。而且,没有任何理由认为,政府的在政治压力影响下产生而不受任何竞争机制调节的有缺陷的限制性和区域性管制,将必然提高经济制度运行的效率。而且,这种适用于许多情况的一般管制会在一些显然不适用的情况中实施。基于这些考虑,直接的政府管制并不必然带来比由市场和企业解决问题的更好的结果。但同样也不能认为这种政府行政管制不会导致经济效率的提高。尤其是在像烟尘妨害这类案例中,由于涉及许多人,因而通过市场和企业解决问题的成本可能很高。当然,一种进一步的选择是,对问题根本不做任何事情。假定由政府通过行政机制进行管制来解决问题所包含的成本通常将很高(尤其是假定该成本包括政府进行这种干预所带来的所有结果),无疑,通常的情形是,假定来自管制的带有有害效果的行为的收益将少于政府管制所包含的成本。

……

未能提出足以解决有害效果问题的最后一个原因来自关于生产要素的错误概念。人们通常认为,商人得到和使用的是实物(一亩土地或一吨化肥),而不是行使一定(实在)行为的权力。我们会说某人拥有土地,并把它当作生产要素,但土地所有者实际上所拥有的是实施一定行为的权力。土地所有者的权力并不是无限的。对他来说,通过挖掘将土地移到其他地方也是不可能的。虽然他可能阻止某些人利用"他的"土地,但在其他方面就未必如此。例如,某些人可能有权穿过该土地。进而言之,或许可能或不可能在该土地上建某类建筑,种某种庄稼,或使用某种排水系统。这样做不只是因为政府的规定,在普通法上亦是如此。实际上,在任何法律制度中都是如此。对个人权力无限制的制度实际上就是无权力的制度。

商品市场与思想市场

政府对市场的管制一般在商品市场和美国宪法第一修正案中涉及的服务与活动——言论、出版和宗教活动——的市场之间做出截然的区分;为了简便,我称后者为思想市场。……我所要审视的观念到底是什么呢? 那就是,在商品市场中,政府管制是可取的;而对思想市场的管制则是不可取的,应该受到严厉限制。……道格拉斯(Douglas)法官说:"言论自由、出版自由、宗教信仰自由是有独立地位的;它们高于并不受政府监察权力控制;它们不能像对工厂、贫民窟、公寓和石油生产及类似对象一样被管制。"迪雷克特(Director)对这种对言论自由的执着评论道,"言论自由是自由放任唯一得到尊重的地方"。为什么应该如此? 部分原因可能是,对思想的自由市场的信念与对商品自由贸易价值的信念有着不同的来源。迪雷克特还说道:"早在自由市场被认为是组织经济生活的良好工具之前,它在组织智识生活方面的价值就早已被提出来了。人们意识到观念自由交流的优点要早于认识到商品和服务在竞争市场中资源交换的优点。"……出于思想自由市场对民主制度的维持必不可少的观念,以及其他的一些原因,知识界已经表现出了抬高思想自由市场,而贬低商品自由市场的倾向。对我来说,这种态度并不合理。正如迪雷克特所说:"在可预见的将来,大部分人还是必须将人生活跃阶段的大部分时间投入到经济活动中。对他们来说,作为资源占有者在面前不断变化的机遇中,在劳动力、投资和消费领域中做出选择的自由,至少与讨论和参与政府活动的自由同样重要。"我认为这无疑是正确的。对大多数国家(也许是所有国家)的大多数人来说,衣食住房的供应要远比"正确思想"的供应来得重要,这还是在假定我们知道哪些思想是正确的前提之下。

……

暂且抛开这两个市场谁更重要的问题,政府在它们之中应该起到不同作用的观点是很不同寻常的,需要一番解释。仅仅说政府应该被排除在某类活动之外是因为它们对社会运行不可或缺是不够的。即使是在不那么重要的市场中,也没有什么理由应该降低效率。矛盾在于,政府干涉在一个市场中是如此有害,而在另一个中却变得大有裨益了。……这个矛盾的理由是什么? 迪雷克特温和的天性使他仅仅对此有所暗示:"对知识分子间言论自由的偏爱的一个浅薄的解释是他们的利益更高级。每个人都倾向于强调他自己职业的重要性,而贬低邻居。知识分子是追求真理的,而其他人只是求得一份生计而已。前者掌握着一项专业,而后者只是做一份工作而已。"
我则想更直白地表达这个观点。思想市场只是知识分子从事自己工作的市
场而已。对这个解释的矛盾无外乎自身利益与自尊。他们的自尊使他们放
大了自己市场的重要性。这样其他人应受管制就是自然的,尤其是很多管
制都是知识分子自己完成的。但是自私与自尊加在一起就足以保证施加于
他人的管制不应加于己身。这样就可能对政府在这两个市场中角色矛盾的
看法安之若素了。结果才是最重要的。也许这不是一个漂亮的解释,但对
于这种奇怪的现象,我想不出其他的原因。如果我们来考察一下出版机构
的活动,将此作为思想市场神圣不可侵犯观念占优势的解释无疑是有根据
的。出版机构当然是出版自由最坚定的捍卫者,出版自由被认为一直是受
到看不见的手引领的一项公共服务。如果我们考察它们的行为和言论,它
们只在一点上是一以贯之的:总是与出版机构自己的利益相一致。

　　……

　　有人可能会说,商人主要是受金钱利益驱动这一点已经是老生常谈了。
我们从满身铜臭的新闻界中还能期待得到什么呢? 进一步的反对意见可能
会指出,一个信条被那些可以从中获利的人大力鼓噪并不意味着它是不完
善的。毕竟,出版和言论自由不是也被那些其信念受对真理的追求,而非物
欲驱动的高尚学者们支持吗? 诚然,再没有一个人比约翰·弥尔顿更称得
上是高尚学者了。他的《论出版自由》大概是对出版自由最负盛名的辩护
了,他对出版自由论证的实质是很值得考察一番的。就我的目的来说,弥尔
顿的作品还有另外一个优点。该文写于 1644 年,要远远早于 1776 年,因此
我们可以由此看到在人们对竞争市场工作机制产生共识,以及现代民主观
念出现之前对言论自由的看法。我当然不会自诩是弥尔顿思想的专家。我
对 17 世纪的英格兰所知甚少,而弥尔顿这份小册子中也有大量材料我无力
深究。但是还是有不少段落是我能够加以阐释的。弥尔顿在文中主张思想
市场的崇高地位:"让我有自由来认识、发抒己见,并试据良心作自由的讨
论,这才是一切自由中最重要的自由。"思想市场与商品市场不同,不应被用

同样的方法对待："真理和悟性决不能像商品一样加以垄断，或凭提单、发票，掂斤拨两地进行交易。我们决不能把祖国的一切知识当成大批贩卖的商品，或者当成羊毛和黑呢一样，标价签署发售。"……在弥尔顿的论述中，自身利益可能有一定分量，但是无疑迪雷克特所说的知识分子的优越感有很重的地位。作者是勤恳而值得信任的博学之人。而检查员则是无知、无能、受低级欲望驱动的，可能还"更年轻，在判断上也远远不如"。我不相信在商品市场与思想市场之间做出的区分是有充分根据的。这两个市场之间没有本质的差别，而且在决定关于它们的公共政策时，应该考虑同样的因素。在所有的市场中，生产者的诚实或不诚实各有原因；消费者有某些信息，但并非了解所有相关信息，甚至也不能处理所有已知信息；调控者一般都想做些好事，虽然往往力有不逮或受某些利益集团的影响，他们这样做的原因是他们与我们是一样的人，最强烈的动机并非是最高尚的。当我说要考虑同样的因素时，我的意思不是说在所有市场中公共政策都应该一样。每个市场的特点使得同样的一些因素有不同的地位，适当的社会安排应该依此有所不同。对肥皂、住房、汽车、石油和书籍生产采取同样的具体管制措施也许是不合理的，而我的论点是我们在确定公共政策时应对所有市场采取同样的思路。

　　选自［美］罗纳德·哈里·科斯：《生产的制度结构》，盛洪、陈郁译，上海三联书店1994年版，第4、7、14、159～160、190、334～343页。

4. 威廉姆森[①]

交易成本与契约经济

交易成本经济学

　　交易成本经济学只是新制度经济学理论传统的一个组成部分。虽然交易成本经济学(以及更博大的新制度经济学)可以用来研究各类经济组织的问题,但本书研究的主要是资本主义的经济制度,特别是其企业、市场以及与之相关的签订合同的问题。只有这样才能囊括下列所有内容:从互不相关的市场交换到集权式的组织,以及介于这二者之间的、不可胜数的混合形式或中间形式。人们已经普遍接受了新古典经济学对市场的下述看法:市场有着非凡的功能,仅靠各种价格就能把一切问题摆平;正如弗里德和里希·哈耶克所说的那样:市场"奇妙无比"。然而在评价各种准市场组织以及非市场组织内部所进行的各种交易时,新古典经济学各派的观点却大相径庭。最宽容的是认为,不应该把政府那套管理体制以及私下解决带入这种交易

　　① 奥利弗·伊顿·威廉姆森(Oliver Eaton Williamson, 1932—),"新制度经济学"的命名者,2009年诺贝尔经济学奖获得者之一,获奖原因是"在经济管理方面的分析,特别是对公司边界问题的分析"。他曾任美国政治学与社会学学院院士(1997)、美国国家科学院院士(1994)、美国艺术与科学院院士(1983)、计量经济学学会会员(1977);代表作有《自由裁量行为的经济学》(1964)、《公司控制与企业行为》(1970)、《市场与等级制》(1975)、《资本主义经济制度》(1985)、《治理机制》(1996)等。

之中;有些学者则采取视而不见的态度;其他人更干脆,把凡是偏离市场秩序的现象统统归结为"市场失灵"。直到最近,对于企业中那些非标准的或自己不熟悉的做法,经济学主要还是用"垄断"一词来搪塞。"如果经济学家发现了什么他不懂的事情——不管是这类还是那类的企业活动——那就一言以蔽之,统统称为垄断。"有些时候,整个社会都会对某一问题持完全否定的态度。尽管如此,对资本主义经济制度的理解还是日趋细致、准确。随着这种理解的不断深入,很多令人迷惑的或离经叛道的做法,现在都从不同角度得到了合理的解释。本书则提出如下命题:资本主义的各种经济制度的主要目标和作用都在于节省交易成本。当然,主要目标并不就是唯一的目标。一般来说,一种制度越是复杂,所要达到的目标也就越多。这一条在这里也完全适用,我之所以非同寻常地强调节省交易成本,是为了矫枉过正,为以往被否定或被忽视的条件正名。据我判断,如果不把节省交易成本置于重要的中心地位,就不可能对资本主义的各种经济制度做出准确的评价。因此就需要更加关注组织(而不是技术)这一目标。

……

与研究经济组织的其他方法相比较而言,交易成本经济学有以下特点:①更注重微观分析;②做出行为假定时更为慎重;③首次提出资产专用性对经济的重要意义并用以解释实际问题;④更加依靠对制度的比较分析;⑤把工商企业看作一种治理结构,而不是一个生产函数;⑥特别强调私下解决(而不是法庭裁决)的作用,重点是用研究合同签订以后的制度问题的方法来研究经济组织的各种问题,就大大拓宽了这一学科的用途。由此可以看出,研究资本主义经济制度,就应该把交易作为基本分析单位,就应该承认经济组织在其中所起的重要作用。该经济组织问题的比较研究强调的是以下基本观点:根据不同的治理结构(即治理能力及有关成本不同)来选择不同的(即具有不同属性的)交易方式,可以节省交易成本。肯尼思·阿罗给交易成本下的定义是"经济系统的运行成本"。这种成本不同于生产成本,生产成本属于新古典经济学的分析范畴。而交易成本在经济中的作用相当于物理学中的摩擦力。物理学利用无摩擦力的假定来确定各种复杂系统的属性，在诸多方面都很成功，这里无须赘言。这种看法显然对社会科学颇有吸引力。因此，引用物理系统中不考虑摩擦的方法来说明（经济学中）那些"不切实际的"假定也具有解释力量，这种做法也就不足为奇了。

合同理论

交易成本经济学认为，经济组织的问题其实就是为了达到某种特定目标而如何签订合同的问题。而签订合同当然可以用不同的方式。有些合同内容明确，有些则比较含蓄，其中各有各的道理。问题是它们的成本各有多大呢？首先有必要区分合同签订之前的交易成本和签订合同之后的交易成本。前者是指草拟合同、就合同内容进行谈判以及确保合同得以履行所付出的成本；如果是一份复合合同，事先就需要做大量的工作，包括要估计到各种可能发生的情况，要规定签约双方各自做出哪些适当的让步以取得一致。或者也可以把合同文本写得粗一些，留有余地，遇到具体问题再由双方仔细敲定。这种做法不是事先规定好哪些问题应该如何来解决，那样做毕竟大而无当，也不切实际；因此，还是等发生具体问题时再想对策来得实际些。要确保合同得以履行，可以采取几种方式：如果市场交易双方都想唯我独尊，不容商量，签约时就会遇到重重困难；为避免这种结果，双方也许会放弃市场交易的做法，而改用建立一个组织，在组织内部解决问题的办法。当然，这种做法又会带来它自己的问题。此外，企业内部事先规定的保证合同得以履行的那些措施，有时也会被看作对方能信守承诺的一种标志。这样，在遇到问题时，双方再次按"说话算数"的态度进行交易。以上这些正是研究"非标准"合同问题的核心所在。

……

作为交易成本经济学之基础并使该理论进一步发展了的命题如下：①以交易作为分析的基本单位。②任何问题都可以直接或间接地作为合同问题来看待，这对于了解是否能节约交易成本很有用处。③通过不同的途径，把各种(属性不同的)交易还原为各不相同的治理结构(即决定着合同关系是否完整的那种组织结构),就形成了交易成本经济(transaction cost economies)。与此相应:a. 对选定的交易都涉及哪些属性,应分别予以定义。b. 不同治理结构需要不同的激励属性和适应属性,应分别交代清楚。④虽然交易成本经济学有时也使用边际分析方法,但其研究的主要内容,还是对各种制度进行逐个比较,并做出评价。在这个由各种制度组成的链条中,一端是古典型市场合同,另一端是集权式的、等级式的组织;介于两端之间的则是企业与市场相混合的各种形式。⑤只要对经济组织问题进行认真的研究,最终势必把以下三种概念综合起来:一是有限理性,二是投机思想,三是资产专用性的条件。

……

交易成本经济学一再提到两种行为假定,即有限理性和投机。第一个假定认为,代理人主观上是想理性行事的,只不过要在有限的范围内这样做。这一点是千真万确的,并且会对人们构思合同主体的方式起到巨大的影响。第二个假定认为,不能指望代理人会自觉信守承诺,因为他们在追求自己的目标时,会甩开协议的文字(规定),背离协议的精神。这种对人性的略带忧郁的看法是在警告合同双方(以及研究胜约实践的学者),要当心各种危险。当然,人们可能、偶尔也的确是疑心太重,谨慎过分。但是,对投机应有一个正确的看法,从理解复杂经济组织方式所服务的目的来说,这毕竟是一门基本功。此外,还要用到第三种行为假定,即风险中性(risk neutrality)的假定;但这种假定往往不被人提及,因此要单独说一下。这种假定与其他两种假定不同,它显然是不符合实际的。尽管关于人类本性的这种观点不讨人喜欢,它还是给我们提供了大量可检验的推论。况且,尽管有一种观点认为"是人就要投机",但也不排除他们有长期结盟的可能。正是由于把短视的问题(semi - farsightedness)归咎于经商的投机行为,才避免了大量反常的签约行为和大量不规则组织的出现。正是由于人们相信,只有在保证相互支持的条件下所形成的结盟才能通过合作提供可靠的收益;也正是由于相信有这种可能,人们才会为提供这种可信的承诺而去努力。这类结盟无疑是不完善的,偶尔还会破裂。而且,在言而无信的社会里,这种结盟的成本也要比讲信义的社会高得多。但不能由此就认为,有限的理性再加上投机,就等于急功近利。大量"中等视力(middle range)"的、可信赖的签约行为都属于只有 20 或 50 度(或 20 到 500 度)的近视眼。

选自[美]奥利弗·E.威廉姆森:《资本主义经济制度》,段毅才、王伟译,商务印书馆 2002 年版,第 30~35、37~38、69、573、578 页。

5. 布坎南^①

<h1 style="text-align:center">立宪主义者的契约社会</h1>

引言

我最喜欢的艺术风格是抽象的印象主义。我欣赏艺术家的想象，尽管限于有形客体的本质要素，但能徜徉在无形的空间之中。除了尼古拉斯·塔埃尔（Nicolás de Steel），其他人甚至是马克·罗斯科（Mark Rothko）和安德鲁·韦思（Andrew Wyeth）都不能理解我的想象。如果把艺术形式与科学的方法论进行比较，可以发现抽象的印象主义也展现了规范的和积极的特征。艺术家能抓住所描述作品的基本要旨，赋予理想化的形式，从规范的意义上说这比真实世界更令人折服。可以说，社会学家表述社会哲学主张的过程与此类似。对于具体层面的讨论需植根于对社会互动特征的广泛认识基础之上。构成社会共同体的绝不是约翰·罗纳德·托尔金（J. R. Tolkien）作

① 詹姆斯·布坎南（James Buchanan，1919—2013），美国经济学家，公共选择学派最有影响和代表性的人物。1986 年获得诺贝尔经济学奖，获奖原因在于：他将经济学中个人间相互交换的概念移植到了政治决策的领域中，于是，政治过程便成为一种旨在达到互利的合作手段，但政治秩序的形成要求人们接受一套规则、一种宪法，这反过来又强调了规则形成的极端重要性和宪法改革的可能性。布坎南认为，劝导政治家或试图影响特定问题的结局常常是徒劳的，事情结局在很大程度上是由规则体系决定的；代表作有《财政理论与政治经济学》(1960)、《同意的计算》(1962)、《自由的限度》(1975)、《民主过程中的公共财政》(1976)、《征税的权利》(1980)、《自由、市场与国家》(1986)等。

品中的霍比特世界（hobbit worlds），而是现实世界中的人。然而社会哲学家必须从纯理论层面描述真实存在的人的行为，因此需要祛除想象和环境中的"杂乱"部分，直接观察社会过程的本质特征。现实中的社会互动关系，即使在想象和环境的框架中解释也必须是建设性的。然而即使不是有意而为之，对环境的规范性选择也是必要的。亚当·斯密的名著《国富论》提供了经济体系运行动力的建设性解释，他认为个人的自利主义较少受到政治规则的影响，但受制于法律体系和制度。但斯密又发展了这种解释，把它运用到所观察到的社会秩序（或失序）状态之中。在此我要说的是斯密为我的研究（包括本书在内）提供了一种间接解释。总的来说，现代经济学家总是忽视经济体系运行所需的宪政制度与框架。这也造成经济学家不能承受的失败，即他们不能理解经济体系如何影响自由选择的可能性。谈到本书分析的工具性目的，我将围绕两个重点方面展开。我希望引起从事理论研究也包括参与政策制定的经济学家的注意，仔细思考"法律和制度"之中的经济运作问题。同时，也想拓宽社会学家和哲学家的思路，深入对经济秩序基本原则的研究。之所以如此，是因为对于宽泛意义的政治学理论研究来说，政治经济学家的视角是非常重要的。我的观点是折中的、温和的。如果我的总体论证是有说服力的，那么关于宪政改革的进一步研究就将一帆风顺。此外在本研究中，更侧重于实际政策领域的具体建议。通常在竞技体育中，一个团队在比赛中的精神状态可用"积极"和"消极"来描述。倘若我的研究是令人满意的，法律/政治/社会/经济学行家的"积极"热情就能够推动宪政的考察、评估和改革进程，但愿美国人能够永葆自由。

契约论视角下的无政府状态

我们分析了一系列相互矛盾的问题。自由主义的无政府主义者和契约主义者有着相同的个人主义价值的前提。此外，大体上它们对社会失序的诊断都反对过度扩张的政府权威。进一步说，在宽泛的政策改革领域，两者的议程也是一致的。然而在"好社会"的描述中，这两种政治哲学却大相径庭。至少在第二阶段的理想模式中,立宪主义者的契约主义使用了人性的霍布斯式假设的某种变体形式,把无政府状态看作一种恐怖的制度。抛弃了所有的法律,所有的制度秩序,成为一个由霍布斯人组成的混乱世界。而契约主义者必须坚持规范的视角,这远非易事,原因是自由主义的无政府主义者以及集体主义者都在使用这一视角。契约主义者寻求"有秩序的无政府状态"(ordered anarchy),这是一种拥有最少正式规则和限制,同时能够为个人提供最大自由的状态。这源于经典经济学的重要思想,即在没有国家过多的直接干涉前提下,人们相互独立的行为可以自发地协调,通过类似于市场的机制以获得共赢的理想结果。但是亚当·斯密坚持认为这种协调无法自然而然地发生,只有在法律明确限定个人行为的情况下才会出现。契约主义者需要仔细地区分两种情况,一是需要法律保护的人们的行为领域,二是最好没有法律干涉的领域。在自由主义的无政府主义者看来,任何法律都没有存在的理由,他们相信人们之间相互尊重彼此的"自然边界",而集体主义者——社会主义者,把社会失序看作政治上失控的人类活动的结果,对此立宪主义者的契约主义持有中间立场。可见,他们的世界处在"无政府状态和利维坦"之间,不属于任何一种。

法律与看不见的手

我不确定哈耶克如何认识我的这种基本的契约主义立场。从某种意义上说,我的分析的确"提供了判断现有制度是否符合契约主义原则的根据",因此也可以归于建构主义者的范畴。但是这种立场与理性主义者完全不同,比如在社会群体的理性规范方面。如果对契约主义者的立场加以正确的描述和解释,那么它应该是提供了一种合理的选择;相对而言,哈耶克只是暗示效率在社会演化过程中导致制度形成的意义,理性主义者的设想也不过假定了社会群体意识的存在性。我完全赞同哈耶克对理性主义者的批评,然而他似乎忽视了契约主义的选择,他的批评可能起了误导的作用,尤其是在契约主义的建构方面。倘若如哈耶克暗示的那样,没有也不应该存在评估现有制度的某种准则，对于我来说这是一种令人绝望的忠告。当然现有法律结构中包含多种要素，毫无疑问的是在效率方面它符合技术上的帕累托标准；尤其是考虑到它可能是一个演化的过程，没有任何人为设计的属性，同时这些要素本身也是选择的结果。可以说，法律制度的历史起源与它的效率属性没有任何关系。唯一与之相关的是制度的选择能力，即从多种有效率的选项中做出选择的能力。在每一个案例中，必须使用"近似"的契约主义的检验，即在检验之前预先假定现有的制度是符合"效率可能性"的。需要强调的是，这里"效率"有着严格的意义，完全不同于在他处的内涵，如特定个人，或某个由个人组成的团体的效用功能。这里的帕累托效率是建立在所有人同意的基础之上，至少他们不同意进行任何特定的变化。

政治与科学

政治的某些部分肯定是卑鄙的、准腐败的，它包括社会团体之间日常调解以及人与人之间的权利要求。它也是一种压力集团的政治，比如说政治分肥和精明政客等重要方面。但这就是政治的全部内容吗？难道不应该追求正义以及"好的社会"的组织原则吗？可以理解的是，波兰尼这个杰出的物理学家似乎选择了肯定的答案。在科学研究中，通过自己的视角来观察自然的宇宙，这样人就变成了"神"。同样，"神"在观察人类时也可以看到社会秩序的事实。值得注意的是，我们不能歪曲波兰尼的意思，他把"神"看成一个角色，误以为在政治社会领域中的发现是"神"的设计带来的启示。与之形成鲜明对比的是，奈特高度质疑"神"的方式，他不愿意使用自己的标准来进行超越人类能力的评价，他给人们的价值观赋予其他内容。即使在最大程度上，我们把政治视为对于宪政规则的一个长期的探索过程，"科学"和"政治"仍然相去甚远。如波兰尼的例子分析的那样，政治中的真理判断过程或许需要对个人自由的捍卫，它的基础就是持续的和无止境的发现过程。如果要发现所有的真理，那么只有个人自由才能实现探索过程的效率。然而不幸的是，真理判断的过程并不一定带来对于个人自由的捍卫。这个概念或多或少地带有某种偏狭态度,如人们坚持已经发现了某种政治的"真理"。这隐含着"对的"的人们可以把"真理"强加给其他人,显然这些人是无知的、顽固的和盲目的,他们没有辨识错误的能力。对于不顺从的少数群体成员来说,他们可能拒绝棘手整治过程中发现的"真理",可以说他们成为祈雨舞者的第一批同伴,当然也同样遭到了歧视。这种偏狭态度似乎是现代自由主义美国人的特征,他们统治着学术研究的圈子,对他们来说,整治过程一定存在着一系列普遍的"真理",在某种程度上对于政治决定的公开反对就是"不道德的"。

……

在奈特看来,政治的理想性概念和选择性概念之间存在着很大的哲学分析。对于后者来说,政治充其量不过是一个调和拥有不同价值观的个人和团体之间的过程,这里不存在什么"真理"。这一立场包含了宽容的态度,这是不言而喻的。它对于个人自由的捍卫是非工具性的。总之,它建立在承认和接受个人价值的价值观基础之上。在我看来,民主价值必然以康德的基本观念为基础,其中个人存在就是终极道德存在,严格地说人是目的而绝不是手段,同时也不存在什么先验和超个人的规范。根据这种看法可以得出一个自然的结论,每个人都可以算作一个自然的结论,每个人都可以算作一票,但是只有一种集体性限制条件能够约束所有人的行为。对于民主价值任何有意义的定义和构想来说,这种政治平等的观念至关重要,但是就其本身而言,它对于一个人强制性地控制另一个人的行为并没有什么约束,那么民主价值也就失去了它的意义。如果完全从形式上来看,政治平等可能仅仅指的是一种涉及所有人的公民权,也就是在公民投票的过程中没有范围的限制。在这一案例中,通过对生命或/和产权的威胁,某些人或团体将会屈服于多数暴政,这样民主价值的重要性就微不足道了。即使是一种理想类型,作为平等权利的一种,投票权也必须有其他理念的支撑,同时也必须具备制度实现的条件。

选自[美]詹姆斯·布坎南:《制度契约与自由》,王金良译,中国社会科学出版社 2013 年版,第 1~5、18、24~25、56~58 页。

6. 德姆塞茨①

竞争机制与交易费用

私人部门的竞争

完全竞争模式的作用仅存在于对协调问题这一意义有限的情形所做的值得注意的概念化中,即任何人对他人的计划完全缺乏自觉控制,政府权威被自由放任的假定作为一种背景。制度的形成与企业和家庭的确是一样的。在一个没有权威因素存在的完全分散化的情况下,可以设想,价格体制的运行会使其协调功能由此变得孤立和单调。完全分散化的系统阐释就是完全竞争模式的完成。事实上,它更应恰当地称为完全分散化模式。所以本书的目的就是我要为它重新命名。这个模式大大增加了我们对通过价格进行协调的理解,因为我们除了对通过权威进行协调的理解之外,我们对竞争行为的理解还很不够。在 19 世纪,竞争活动在私人部门中找到了出路,但第二次世界大战后,情况显然已大不如前。自由放任经济对于注重以前显然占统治地位的分散化私人部门来说,是一种有用的工具,但在 20 世纪,它

① 哈罗德·德姆塞茨(Harold Demsetz,1930—),美国经济学家,曾就任于密歇根大学和加利福尼亚大学洛杉矶分校,新制度经济学的主要代表人物,他拓展了法律和经济学领域关于产权和产业组织的研究;代表作有《产权理论探讨》(1967)、《生产、信息费用和经济组织》(1972)、《竞争的经济、法律和政治维度》(1982)、《经济活动的组织》(1988)等。

对于研究竞争活动几乎不再是一种有用的框架了。为适应这些社会发展，也为了促成对近来我们理解范围的超越，过去的 30 年间，经济工作的中心发生了一次革命。经济学家们新的注意力逐渐集中到我们同行的前辈们使之完全抽象化的问题上，其中心在于信息经济学和交易经济学以及在此意义上推广到对包括法律和政治制度在内的研究。

……

跟我们观点较近的是奥斯卡·兰格和阿巴·勒纳在其著作中所提出的另一个批评意见。尽管这种批评意见仍偏重于生产效率的实现，但它反对自由放任竞争在分配领域所带来的结果。提出的补救办法是，想方设法指导社会主义的经营者对价格做出反应，这样，他们就将成为资本主义的竞争对手，但是由此导致，与自由放任竞争相比较，指导一个社会主义政府分配财富的方法可能是较为平均主义的。这种方案根本无法认识到产出的生产效率与作为行为动机的私人财产之间的本质联系。私有制中的竞争会给某个资源（包括人力资源）所有者带来压力，他使用这些资源的这一结果恰恰因为他是所有者。他的财富直接受到消费者对其际遇状况的影响。他拥有的东西的价值受到出现重大损失的威胁，这会影响他对消费者主权所做出的承诺，使他的行为背离这个原则。即当他的行为所带来的财富给了社会主义国家时，那么他为消费者服务的动因要受到削弱。兰格和勒纳并没有提供动力机制持续发挥作用的现实源泉。他们并没有考虑到政府的动力机制这个十分现实的问题，即政府往往实行平均主义原则。

公共部门的竞争

通过选票显示出来的投票者主权代替了通过金钱显示出来的消费者主权。当政治竞争的功能完好无缺时，个人对从事政治活动的偏好不再与民主制度有较大的关系；相比之下，当经济竞争的功能完好无缺时，个人对从事商业活动的偏好则是自由放任。竞争的影响力，进而社会制度的影响力的降低将趋于使功能性代理者的生存权从对其规范的立宪体制的控制权中分离出来。当然,仅仅这样做是远远不够的,因为缺乏政治竞争会减少政治制度的民主内容。完全的政治民主假定政治活动中不存在信息费用或交易。为了与在市场交换领域中的运用区别起见,这些费用可以称为"投票费用"。假定投票费用为零,类似于完全分散化模式假定交换费用为零。完全的政治民主与完全的分散化的主要不同点在于私人所有权的性质。在完全分散化中,大部分财富为私人所有,并可以在公开市场上出卖。在完全的政治民主中,存在的仅仅是私人投票权。这种权利不可以公开出卖,但是若政治方案的设计制定是为了使投票者有所裨益,那么权利就可以被运用,而且在实践中,许多选票会被暗暗地卖掉。在完全的政治民主与完全分散化之间最相似之处是,在两者中均不存在强加给个人活动的权威或者某人对别人施加控制。单个的投票者不能控制事态的发展。没有一个人能成为一个唯我独尊的政治家。两者最大的区别在于,在完全的政治民主中,权威是通过投票者的多数票来实践的,在完全分散化中,这种权威就不存在,因为通过市场而不用保证能得到别人的获准,个人的经营活动就能实现买和卖。一致性的选票是不存在的,民主需要有不同的意见。政策的实施并不需要每一个投票者均达成协议,即使所有投票者都得服从这一政策。

　　……

　　然而将投票者积极地掌握有关信息并用于其行为选择所带来的收益与作为一个消费者这样做的收益等量齐观,则是错误的。要搜寻到有关市场性选择的信息得花费一定的时间和金钱,当然这也会增加财富,不过,在市场中进行消费活动的某个人较之同一个人在选举活动中这样做,其预期收益更大。在市场中,他所购买的东西是特制的,会完全符合他的口味。在选举中,由于他的选票的影响力很小,他就非常愿意妥协。政治就是妥协的艺术,因为政治结果是完全不可分的。市场结果的较为可分性使商业活动成为一门为新的需要服务而不是与老的需要妥协的艺术。如果政治民主是完全的,政党就几乎没有存在的理由。政党的一般政治哲学会与不同的政治方案结合在一起。然而如果民主是完全的,通过一定数量的仲裁者,投票者可以直接地解决各种各样的政治方案之间的相互作用问题。投票费用阻碍了一个信息完全的选民去不断地参加投票。每个候选人往往与政治争议问题有关，要给分散的选举活动中的投票者提供这方面充分的信息，费用是如此之大，以至于中间媒介是必需的。它们就是政党。政党在不完全的政治民主中起着重要作用，因为它们将争议问题和候选人汇拢在一起，并向投票者表明其一般的政治立场。由于某个党员或者其他一些党员失信于投票者，党员的政治前途就会受到损害，但是政党没能提供社会福利保障或减税由此带来的损失得由那些将成为这些政策的得益者来承担，而不是党员。……通过同样的办法，正当信誉良好除了肯定能给该党及其党员带来好处外，还能给党外人带来很多好处。履行诺言降低了失业率，得益的主要是失业者，而不是政党。

……

因此，政党及其成员的命运很少与党的信誉相联系，企业主则不是这样。即使投票者将政党赶下台，失败的后果并不集中由党魁来担当。结果，我们可以预料到，较之商业企业的所有者，政党的领袖不会全力去控制欺诈和舞弊行为。同理，可以肯定，除了减少欺诈问题之外，若假定在私人部门和公共部门中竞争同样剧烈，那么较之某个企业实现其商业目标、某个政党要达到其政治目的似乎更困难。政党的私人所有，即确立类似的责任制，是无法实践的。一旦政党赢得了选举，其决策要影响所有公民的福利，而不只是那些主动购买政党的所有权股份的公民。公民，或至少其中的少数人，一定会支持在选举中获胜的政党的政策，而无论他们是否从这些政策中获得益处。不像消费者那样，可以决定是否向某一特定的企业买东西，而公民被迫纳税，这些税收完全被用于改进政党的所有者的福利。有权强迫公民提供更多的资助，这种权力源于多数人规则与投票费用的结合，使得政党与纳税人之间的利益冲突要远远比商业企业管理者与那些给企业提供资本的人之间可能存在的利益冲突激烈得多。最终，公民受政治方案的危害而要离开这个国家，但这比起物品的买者劝说竞争者的卖者，或比起公司股票的所有者抛售其股份,要困难些。解决该冲突的政治方法阻碍了私人所有权。政治上的理性无知所导致的收益和成本既不能胡乱地也不能均匀地分派给人们。投票者脱离组织或个人与正在争议的问题没有较大的利害关系,那么他们有效地寻求自我政治利益将会受到严重阻碍,而组成特殊的利益集团能增进政治利益。如果根据市场集中程度来估价垄断,那么完全可以断定,在运行民主制的政治部门比起其不受管制的经济部门,垄断要严重得多。支配政治舞台的主要政党的数量一般少于不受管制的产业中的主要企业的数量。

选自[美]哈罗德·德姆塞茨:《竞争的经济、法律和政治维度》,陈郁译,上海三联书店 1992 年版,第 6、14、18~19、49~67 页。

7. 奥尔森①

集体行动与利益集团

集体行动的逻辑

本书的讨论从集团行动中的一个悖论入手。通常,我们会想当然地认为,在一个由个人或企业组成的集团中,如果每个人或每个企业拥有某种共同利益的话,那么整个集团就有寻求或扩大这种利益的倾向。因此,美国许多政治学的学者长期以来都假定:具有共同政治利益的公民将会组织起来并进行游说以实现这种利益。在全部人口中,每个人都属于一个或几个集团,并且这些竞争性集团的压力加总起来可以解释政治过程的结果。同样,他们还假定,如果工人、农民或消费者面对可能伤害他们利益的垄断,他们最终会通过比如工会或农民组织等的机构获取对抗性力量,而这些组织已经获得了市场权力或保护性的政府行动。从更大范围看,较大的社会阶级通常期望按照其成员的利益行事,当然,这种信念的单纯形式就是马克思主义的观点:在资本主义社会中,资产阶级执政,维护自身利益,一旦对工人阶

---

① 曼瑟·奥尔森(Mancur Olson,1932—1998),美国马里兰大学教授,公共选择理论的主要奠基者,对经济学、政治学、社会学和管理学都有贡献。他专注于对集体行动问题的研究,也即对"为什么个人的理性行为往往无法产生集体或社会的理性结果"这一问题的回答;代表作有《集体行动的逻辑》(1965)、《国家的兴衰》(1982)、《权力与繁荣》(2000)等。

级的剥削超过了某个限度,他们的"错觉"消失,工人阶级就会起来革命以捍卫自己的利益,并建立起无产阶级专政。

......

目标或利益是集团成员共有的或共同分享的,这使得一个人为共同目标做出牺牲所获得的收益通常被集团中的每个人分享,成功的抵制、罢工或游说会为相关类别的每一个人带来更便宜的价格或更高的工资,因此具有共同利益的大集团中的每个人只能获取共同利益的一小部分,而不论他个人为获取这种共同利益付出了多少代价。既然收益惠及集团中的每个人,那么没有做出任何贡献的那些人也将会与那些做出了贡献的人获得一样多的收益。这通常就会导致"让别人去做吧"的想法,而其他人也很少或没有动机为集团利益行事,因此(如果不存在前文提到的那些概念要素)就很少有——如果有的话——集体行动。那么悖论就是:(如果不存在后面我们将要讨论到的特殊安排或环境)由理性个体组成的大集团,就不会为集体利益行事。这类组织,至少当它们表现为大集团时,并不是因为它们提供集体物品而得到支持,而是因为它们足够幸运地发现了我称之为选择性激励的手段。选择性激励有选择地适用于个体成员,依赖于它们是否对集体物品做出了贡献。选择性激励可以是消极惩罚,也可以是积极奖励。例如,它只对那些没有为集体物品的供给做出贡献者进行惩罚。

......

可以获得选择性激励的那些集团更可能达成集体行动,小集团将比大集团更可能参加集体行动。《逻辑》一书的一些经验案例表明,这个预言对美国而言是正确的。在我们最终确信这个观点在其他国家也正确之前,还需要更多的研究,但是没有任何一个国家的经验表明,大组织没有选择性激励就可以组织起来——大量的消费者不参加消费者组织,数以百万计的纳税人不参加纳税人组织,大量的相对低收入阶层居民不参加穷人组织,甚至经常存在的大量失业者也没有组织起来——的发言权。这些集团是如此分散,以至于任何的非政府组织强迫他们入会是不可能的。在这一点上,它们与大工厂或矿山企业的工人有很大的不同,因为这些工人可以通过工人纠察队的强迫而组织起来。积极选择性激励的任何源泉也没有表现出来,这些激励让共同合作、参与分享共同利益的那些人获得动力。相比较而言,几乎在所有地方,具有专业技能的社会特权以及具有专业技能的有限人数都有助于它们组织起来。公众的特殊感情也有助于将这些技能组织起来,并确信这种专业组织应该能够决定谁"有资格"从事该种职业,并因此而控制决定性的选择性激励,而这一点也会得到政府的支持。一个产业接一个产业、一个国家接一个国家的企业(通常是大企业)形成的小集团会组织起来形成商会或贸易组织或其他各类这样那样的联盟。

结论的基本含义

①不存在任何一个国家,所有具有共同利益的人都可以形成对等的组织,并通过广泛的讨价还价达成最优结果。②在边界不变的稳定社会中,随着时间的推移,将会出现大量的集体行动组织或集团。③"小集团"的成员具有达成集体行动的不成比例的组织力量,但是在稳定的社会中,这种不成比例性会随着时间的推移而减弱,但不会消失。④总而言之,特殊利益组织或联盟降低了社会效率或总收入,并且加剧了政治生活中的分歧。⑤共容性组织有动力使它们所在的社会更加繁荣,并且有动力以尽可能小的负担给其成员再分配收入,并且会禁止再分配,除非再分配的数值与再分配的社会成本相比非常大。⑥分利联盟做出决策通常要比它们所包含的个人或企业慢得多;它们通常日程繁忙、项目众多,并且更经常采用固定价格而不是固定数量。⑦分利联盟会减缓社会采用新技术的能力,减缓为回应不断变化的条件而对资源的再分配,并因此而降低经济增长率。⑧分利集团一旦大到可以成功,就会成为排他性的,并且会尽力限制分散成员的收入和价值。⑨分利集团的增多会提高管理的复杂性、政府的作用和惯例的复杂性,并且会改变社会演进的方向。

不平等、歧视与发展

同时,在经济学家和外行人之间存在一个标准的假说,即竞争性市场造成了相当程度的不平等。心软的大多数人持有这样一种进一步的观点,为了减轻由市场造成的不平等,政府行为——根据某些版本,或者是联盟行动、职业伦理等等——是必需的。无情的少数人宁愿接受不平等,甚至对不平等感到欣喜,或者相信政府减轻不平等的努力是有害的。绝大多数心软的、不涉感情的经济学家都想当然地认为,市场会造成相当程度的不平等,但在不平等是否不公正的观点上存在差别。经济学家们往往还谈论在效率和平等之间的权衡问题:效率是由竞争性市场造成的,而平等是通过其他方式支付某些社会成本获得的。关于竞争性市场是严重不平等的根源以及政府和其他非市场制度付出社会成本减轻不平等的观点,阿瑟·奥肯(Arthur Okun)在广受重视的著作《平等与效率:一个权衡》中做了最具智慧、最具人性的表述。在这本书中,他想当然地认为,市场是一种平均主义力量,它会抚平由于市场操作造成的不平等,为了减轻不平等必须支付一定的代价,因为它干预了总体上是有效率的市场的运作。其他一些作者提出,工会和其他特殊利益集团会减轻由于竞争性市场造成的不平等。

……

问题的实质在于,无论是左翼还是右翼的现行传统观念都假设,几乎所有发生的收入再分配都是出于平等动机而产生的再分配,并且它将会从非穷人转移给穷人。实际上,许多(如果不是全部的话)再分配是受完全不同动机的激励,并且大多数对收入分配有专断的而不是平等主义的影响——将收入从低收入者转移给高收入者的情况不在少数。即使在发达国家中,政府行动中非常大的一部分对穷人没有特别的帮助,并且其中有一些做法实际上是在伤害穷人。在美国,存在对私人飞机和游艇所有者的补贴,而他们中的绝大多数都不是穷人。正如我在其他地方表明的那样,在医疗体系中,政府以及对职业的干预主要帮助了医生和其他医疗服务供给者,而他们中的绝大多数都很富有；也存在无数的税收漏洞，它有助于富人，但和穷人没有任何关系；也存在对公司的救助以及对产业的保护，而在这些产业中工人的工资远高于美国所有产业工人的平均工资；也存在最低工资立法和工会工资范围，这使得雇主和工人不能以更低的工资签订契约，结果就是越来越多的美国人口得不到雇佣。在许多欧洲国家，这种情况大体上也是相同的，并且在某些情况下甚至更糟糕。一般来说，政府和其他机构干预市场不会比自由竞争造成更小的不平等。我提出假设，在创造分利联盟的机会中产生的不平等比人们固有的生产能力差别造成的不平等更大。

　　……

　　正如从我对意识形态的偏见以及我在本书中关于满意答案所必须满足的标准而进行的方法论讨论中所预期的，我不相信任何的意识形态方法对满足我的需要是足够的。与那种观点保持一致，我想强调本书观点和古典的自由放任思想之间的差别。本书观点和古典的自由思想在评价市场价值方面是一致的。几乎任何一个人，不论是左派还是右派，如果他对市场的评价进行了十几年甚至几十年专门研究的话，那么他们对这个问题的看法都是相同的。如果你站在巨人的肩膀上，要从其他方面观察这个问题实际上是不可能的。然而本书关于当前观点和古典自由放任思想相似之处的讨论到此为止。正如我所读到的，自由放任思想的信条是：管得越少的政府管得越好；只要政府撒手不管，市场会解决所有的问题。关于这种思想最通俗的表述就是存在唯一一个恶魔，而政府就是那个魔鬼。如果用锁链将这个恶魔捆住，那么就会出现一个几乎不用担心任何问题的乌托邦。在这个比较中，存在一些意识形态成分——而这是反科学的，但其中也存在富有启发性的内容。在他们的比较中，弗里德曼夫妇写道："经济学家和社会科学家一般很少进行像在物理学中那样重要的可控性实验。然而，为了检验经济组织方法差异的重要性，本书的实验在某种程度上非常接近可控性实验。时间跨度虽然有八十多年，但在其他所有方面，这两个国家都非常相似。"找到一个甚至更加接近物理学中可控性实验的例子是可能的，而没有"时间上 80

年的跨度"。人们常常不会注意到,完美的例子之一就是英国统治下的印度。

……

如果印度在第二次世界大战后采用了英国曾经一度要求的政策,它将会比现在更好。然而事实是,比半个世纪还长的自由放任并未引起印度的发展,甚至让它偏离了最好的起点。极端的自由放任意识形态本身明显地遗漏了某些方面。我认为是印度具有上千年历史的分利集团使种姓等级制度更加严重了。另一个自由放任的伟大实验是在英国本土进行的。大约从19世纪中期到两次世界大战之间,英国在国内外都推行自由放任政策。(在同一时期,美国实行的是高度保护的政策,并且在这一方面和其他一些方面,类似对铁路的补贴等也都是缺乏自由放任的。)在本书中,我认为,就像对自由放任意识形态的热情一样,英国遵循的自由贸易政策限制了分利集团的范围。但是如果英国采用了像澳大利亚和新西兰那样高的保护主义政策,情况就可能更糟。然而就像本书理论所表明的,并没有证明自由放任在动态中是稳定的。英国最终抛弃了它。它也不足以禁止许多部门的卡特尔。在19世纪和20世纪早期,确切地说是在自由放任政策处于高峰时期,英国形成了绝大部分狭隘分利集团的稠密网络。也就在这同一个时期,英国病出现了,英国的增长率和收入水平开始滞后。

选自[美]曼瑟·奥尔森:《国家的兴衰》,李增刚译,上海人民出版社2007年版,第17~19、24、71、176~183页。

8. 诺思①

人类意识与制度演变

经济变迁过程概述

理解包括从西方世界的兴起到苏联的衰落在内的所有经济变迁,比理解纯粹的经济变迁更为宽泛,因为它是如下各种变化的结果:①人口的数量和质量;②人类的知识存量,特别是人类用于控制自然的知识存量;③界定社会激励结构的制度框架。因此,一个完整的经济变迁理论需要整合人口统计学、知识存量和制度变迁的理论。我们在这三个中任意一个都没有完善的理论,更不用说将三者综合起来了,但是我们正在取得进步。有关经济变迁过程的一个简单描述是直截了当的。一个政治经济体系的"真实面貌"永远不为人所知,但人类确实构造了有关这个"现实"本质的精巧信念——这种信念既是政治经济体系运行方式的实证模型,也是它应该怎样运行的

---

① 道格拉斯·C. 诺思(Douglass C. North, 1920—),美国经济学家,由于建立了包括产权、国家理论和意识形态理论在内的"制度变迁理论",获得 1993 年诺贝尔经济学奖。他曾任《经济史杂志》副主编、美国经济史学协会会长、国民经济研究局董事会董事、东方经济协会会长、西方经济协会会长等职务,历任华盛顿大学经济学教授、剑桥大学庇特美国机构教授、圣路易斯大学鲁斯法律与自由教授及经济与历史教授,现任华盛顿大学经济系卢斯讲座教授。代表作有《1790—1860 年的美国经济增长》(1961)、《美国过去的增长与福利:新经济史》(1974)、《经济史中的结构与变迁》(1981)、《制度、制度变迁与经济绩效》(1990)等。

规范模型。社会可能广泛地持有这种信念体系,从而反映了信念的一致性;或者持有广泛不同的信念,从而反映了对社会感知的基本分歧。主导信念——那些处在做决策位置的政治和经济企业家的信念——随着时间的推移促成了决定经济和政治绩效的精致的制度结构的共生。当企业家为了提升自己的经济或政治地位而寻求创新或修改制度时,所形成的制度体系对他们的选择就施加了严格的约束。尽管某种类似于演化生物学中的断点均衡变迁的过程(punctuated equilibrium change)也会发生,但是由此导致的路径依赖却通常表现为变迁是渐进的。但是当企业家制定改进自身竞争地位的政策时,变迁正持续不断地发生(虽然发生的速率依赖于组织及其企业家之间的竞争程度)。结果是,企业家的活动引起了制度体系的变更,制度体系的变更修正了他们对现实的认识和感知,认知的改变又进一步引致企业家在一个永无休止的变迁过程中提高自身地位的新努力。理解经济变迁过程的关键在于促进制度发生变迁的参与者的意向性以及促使他们对问题的理解。整个历史以及当今世界,经济增长一直是短暂的,要么是因为参与者的意图并非社会福利,要么是因为参与者对问题的理解是如此的不完善,以至于结果极大地偏离了最初的意图。

......

为了减少人类相互作用过程中的不确定性,人类试图用自身关于世界的感知来建构所处的环境。但是谁的感知重要以及如何使之转化为对环境的改造则是制度结构的结果。制度结构是正式规则、非正式约束以及它们的实施特征的结合。这种人类相互作用的结构决定了谁是企业家、谁的选择重要以及这些选择怎样由这个结构的决策规则来强制实施。制度约束随着时间不断累积,我们因袭过去、决定现在并影响未来的那些规则、标准和信仰的累积结构就是社会文化。当政治和经济企业家觉察到新的机会或者对影响他们福利的新威胁做出反应时,制度通常会加速变迁。制度变迁可以源于正式规则、非正式约束或其中之一的实施方式的变化。社会的政治经济结构及其演化方式是决定谁的决策重要以及他们如何合谋影响政策的关键。我们在把握自己命运方面有多成功？遵循赫伯特·西蒙——他将人们的注意力引向这些问题——的传统，人类远未达到完全理性要紧吗？我们知道，完全理性需要有关各种可能性的全部知识和对决策树的彻底探究，以及在行动、事件和结果之间建立正确的映射。简短的答案是，很重要。经济史是一部由错误计算导致的饥荒、挨饿、战败、死亡、经济停滞和衰退，甚至整个文明消亡的令人沮丧的故事。即便是对当今新闻最偶尔的检视，也表明这种故事并非是纯粹的历史现象。然而，在有些时候我们确实是做对了，正如过去几个世纪蔚为壮观的经济增长。但是，当前的成功绝不是预知的结果。

……

在整个人类历史上，一直都存在大量不能够用理性来解释的现象——一部分需要用魔法、巫术、宗教中的非理性来解释，一部分则需要用教条、偏见、"半生不熟"的理论所表现的、更加平淡无奇的非理性行为来解释。事实上，尽管如上述引用的杰出理论家所说，建立一种不确定性条件下的理论是不可能的，但是人类一直试图做到这一点；他们做出了各种努力，从前文的论述和那些包括在"保守"和"自由"标签里的、结构松散的信念，到诸如马克思主义的优美的、系统化的意识形态或者有组织的宗教。人类历史的总体特征一直是与物理环境相关联的，可观察的不确定性的系统性减少，从而那些需要用魔法、巫术、宗教中的信念来解释的不确定性的源泉也减少了。但是，如果与物理环境相联系的不确定性降低了，随之而来的则是社会环境更大的复杂性。虽然我们在理解这种环境上取得了一些进步，但是我们的理解仍然非常有限，而且还有大量的非理性解释的特征。我们理解有限的部分原因在于，社会科学中还没有出现可以与物理科学中的定理相媲美的基本"公理"。一个更为基本的原因是我们不断加以改造的世界的非各态历经的本质。

意识、文化与制度变迁

学习的过程对于每个个体来说都是不同的,但是一个共同的制度/教育结构(第 5 章的主题)将会导致共同的信念和感知。因此,一个共同的文化遗产提供了一种减少人们在社会中拥有的不同的心智模型的方式,构建了一种代际传递共同感知的途径。我们如何解释文化的差异呢? 许多演化理论家已经为基因建立了一个平行分类来解释文化的演化。他们采用术语"记忆"来描述代际向文化属性的转移。但是这种扩展很明显具有误导作用。文化轨迹并不拥有与基因类似的属性。确实,越来越多的制度经济学文献已经研究得非常清楚,即制度必须(要)从人类的意向性等方面进行解释。非正式规范建立将基因起源的道德推理与人类有意识的目标混合起来,两者共同为我们对文化这一术语的理解提供了支持。神话、迷信和宗教在塑造早期社会中所具有的重大影响,来源于它们在秩序和顺从过程中所起的作用。意识形态对顺从的要求至今仍然是减少维持秩序的成本的主要力量,但是它带来了另外的社会成本,即阻止制度变革、惩罚偏离常规者,以及在与其他与之竞争的宗教冲突中成为无休止的人类冲突的来源。因此,意识的扩展不仅是人类创造性的奇迹和人类所创造的丰富文化的来源,而且是偏狭、偏见和人类冲突的根源。在人类的意向性中很难不把它放到中心位置。不顺从在不确定性世界中的成本很高。在长期内,当人类在一个非各态历经性的社会中面临崭新的挑战,需要创新性的制度革新的时候,由于没有人知道生存的正确路径,此时顺从就会产生停滞和衰退。因此,正如哈耶克提醒我们的那样,允许在一定范围内进行选择的制度多样性就应成为一个较好的生存路径。

制度框架由三部分组成:①政治结构,它界定了人们政治选择的方式;②产权结构,它确定了正式的经济激励;③社会结构,包括行为规范和习俗,它确定了经济中的非正式激励。制度结构反映了社会逐渐积累起来的各种信念,而制度框架的变化通常是一个渐进的过程,反映了过去对现在和未来施加的各种约束。信念、制度框架和其他方面组成了人类建立的结构,用以分析人类行为。路径依赖是一个历史事实,是研究历史的最持久、最重要的问题。从根本上改变路径的困难是显而易见的,这表明了,通过学习过程,我们今天的制度限定了未来选择。由现有制度矩阵产生的组织是依靠现有制度矩阵得以生存和获得福利的,因此它会努力阻止任何会给它们的福利带来负效应的变化。决定制度矩阵的信念体系也会阻止激进的变革。关于路径依赖的前沿性研究正在对路径依赖的各种来源进行经验分析,从而使我们能够精确地了解路径依赖的含义。

……

前面的章节应该使我们充分认识到,并不存在实现经济发展的固定方案。任何经济模型都无法刻画特定社会中经济增长的复杂性。即使生产率增长的源泉众所周知,每个社会的经济增长过程也是不同的。这反映了不同的文化遗产,同样反映了不同的地理、物质和经济环境。本书要传递的一个信息是,在你提高经济绩效之前,你必须理解经济增长的过程;然后,在你试图改变社会之前,你必须理解这个社会的独特特征。因而,如果你想有效地实施变迁,你必须理解制度变迁的复杂性。本研究的一个中心议题是,世界的非各态历经性质造成了人类在演化过程中面临更为复杂和相互依赖的新环境时如何成功处理的问题。这个问题有两个方面:社会成员的心智所发展出来的解决新问题的能力的高低,以及问题的新颖程度。一个社会中的某些成员可能会看到问题的"真实"性质,但是却无法改变制度。因此,必须使那些能够做出政治决策的人也具有这种想法;然而政体能否将这种人"安置"到决策制定的位置上并不是不言而喻的。心智的运行方式是很重要的:如果演化心理学家认为我们的大多数行为是由基因推动的这一论断是正确的,那么人类在面临新问题时的灵活性是怎样的呢? 人类今天和明天所面临的问题与狩猎者/畜牧者的个体所面临的问题之间没有多少相似性。问题的新颖程度显然是可能成功解决这些问题的关键因素。我们已经开始熟练地讨论技术变迁、因特网以及基因改变,并将其作为问题的答案,然而我们没有认识到能够导致人类环境改变的那些新问题。我们正在创造的互相依存的世界需要巨大的社会变迁,并向我们提出了人类适应能力问题。

选自[美]道格拉斯·诺思:《理解经济变迁过程》,钟正生、邢华等译,中国人民大学出版社 2008 年版,第 1~8、16~17、28、40~49、78、151、165 页。

三

新凯恩斯主义

1. 哈恩、索洛①

新古典综合的宏观经济

绪论

若在本书的开始部分就告诉读者,我们出版本书的最初动机是基本否定新宏观经济学,或许有助于读者更好地理解本书的其他章节。我们发现,自己无法同意20世纪80年代前期的宏观经济理论的主流观点,希望确立能抵制这些主流观点的理论依据。我们最好说明一下自己一直抵制的宏观经济理论是什么。我们抵制的主流宏观经济理论大致范围是从卢卡斯(Lucas)在1973年发表的著名"价格幻觉模型"到当今的普雷斯科特(Prescott)、基德兰德(Kydland)等的"实际经济周期理论"。这类模型认为,实际经济可完全地或近似地解读成具有永生的单一代表性主体的无限期贴现效用最大化的过程。唯一有效的约束是初始资源、劳动供给及将生产资料与

---

① 弗兰克·哈恩(Frank Hahn,1925—2013),英国经济学家,剑桥大学经济学教授,丘吉尔学院研究员。哈恩深入研究了一般均衡的稳定性、唯一性,考察了多个市场竞争均衡的卖者喊价、非卖者喊价过程的稳定性条件;代表作有《一般竞争分析》(1971)、《论经济学中的均衡概念》(1974)、《货币与通货膨胀》(1982)、《均衡与宏观经济学》(1984)、《货币、增长与稳定》(1985)等。罗伯特·索洛(Robert Solow,1924—),美国经济学家,以新古典经济增长理论著称,并获得1987年诺贝尔经济学奖;代表作有《对经济增长理论的一个贡献》(1956)、《技术变化与总生产函数》(1957)、《美国失业的性质与原因》(1964)、《增长理论:一个说明》(1969)、《增长理论评注》(1969)等。

劳动变换成消费品和生产资料的良态技术(well - behaved technology)。不存在简单合作失败的可能性。这意味着经济完全依照经济主体的意愿运行。换言之,完全竞争市场应该是存在完全预期的各种状态价格和各种保险可能性的市场。这是和真实世界相距甚远的乐天派经济学。在过去数十年中,由于不对称信息、"缺失市场"、合同、策略互动等已被理解成需要解释的现实世界的现象,其研究取得了很大进展,而宏观经济学则完全忽略了不对称信息等问题。其结果是:没有考虑分权经济如何及为何要像拉姆齐模型说明的那样运行的细节。在某种程度上,我们致力于维持或重建"凯恩斯主义"的思考方式,但也想强调,为凯恩斯主义的每个教条辩护并非是我们的目的。尽管凯恩斯缺少帮助明确(类似失业均衡存在等)自身洞察的技巧和概念,但在许多方面,我们认为凯恩斯《一般理论》的逻辑正确。若我们能坚持凯恩斯的那些洞察,结果将更好。不过我们的动机和目的并非是执着地坚持某种观点。

完全弹性工资与劳动市场

现代宏观经济理论给人的印象是,失业与衰退的原因在于工资与价格的过度刚性或劳动力的非流动性。只有通过弱化工会力量和放松产业与交易的管制等方法消除影响工资和价格变动的人为障碍,市场机制才能确保劳动市场出清,从而使得实际失业消失,经济周期波动幅度趋向最小。相信市场机制的理论具有实践意义。即使失业率徘徊于10%,中央银行行长和财政部部长都公开表示,中央银行和财政部不仅对失业问题无能为力,也不应该采取任何干预措施。失业不是中央银行和财政部的问题。唯一可行的政策是消除影响工资下调和劳动力流动的障碍。工资的调整将解决其他剩余问题。与竞争性地降低实际工资相比,失业和经济波动更为复杂。宏观经济学理论的其他流派认为:工资和价格已经具备完全弹性,观察到的产量与就业的波动并非属于病态现象。观察到的产量和就业的波动只是经济对于无法避免的商品和闲暇的偏好变化与生产技术变化的最佳反应结果。其含义是,即使公共政策有助于增加产量和减少失业,也应该拒绝公共政策。据我们所知,尽管不要实施公共政策的观点并没有影响中央银行行长或财政部部长的想法,但许多现代宏观经济学家都支持不要实施公共政策的观点。

……

对于上述两种观点,我们都不支持。我们的直接目的在于说明,即使工资和价格具有完全弹性的经济依然容易处于病态途径。不仅如此,本质属于宏观经济政策的适时政策实施有助于改善病态途径。我们得到三个过渡性结论:第一,凯恩斯对通过弹性工资和价格、被动性政策应对实际冲击的经济具有潜在非稳定性的判断是正确的;第二,相当简单的货币财政政策能避免投资与产量的破坏性波动,因为生产滞后使得单纯的规模调整变得不可能,不适宜使用单纯的货币政策;第三,若只允许工资或价格的单独变化,稳定工资和价格的政策可能避免投资与产量的破坏性波动,这意味着具备有限的工资和价格的弹性的经济能更多地通过相同方法维持近似充分就业的状态。我们提出的建议是:仅靠经济自身的作用不能保证其回归稳态;即使经济能自动回归稳态,但与理想状况相比,不仅回归速度缓慢,还没有规律性;任何无规律的变化途径导致难以合理予以解释接受的不同代际家庭之间的跨际波动。需要重申:我们不是反对市场出清是劳动市场的均衡分析方法的想法。我们的主张是,市场出清理论对可行均衡的选择说明的可信度不高,也不完整。考虑以下简单的例子:出于不同原因,失业者不能接受提供低于就业者工资的工作机会,厂商也不能提供影响劳动市场均衡的工作机会。市场出清理论正确认识到选择行为的重要性,却错误地忽略了可行选择行为的描述问题。只有在没有其他可行选择或由于其他选择的成本太高时,人们才可能"选择"失业。例如,若降低工人的工资成为工人的生产率过低而不值得利润最大化厂商雇佣的信号,工人或许选择不降低其工资。这种情况显然不能保证工人选择失业的结论。

政策与总结

均衡的复杂性意味着需要一般性评价。宏观经济政策的作用及其实施能力依赖于政府可获取的信息和经济人的政策理解。在某些方面,政府掌握的信息与民间经济人掌握的信息大致相似,政府也可能比单个民间经济人掌握更多的信息。在其他方面,民间经济人掌握着政府不知道的信息。毫无疑问,信息充分的公共政策优于信息缺乏的公共政策。然而为能够引导经济朝着正确的方向运行或朝着"更好"的均衡位置运动,政府并不需要成为信息的完全掌握者,甚至也不需要比私人部门知道更多的信息。政府的不完全信息可能不符合不能确信抵消政策效果的新均衡是否起作用的民间经济人的利益。宏观政策的另一个作用是改善经济的非均衡行为。原则上可以提速缓慢的稳定运动,不稳定的运动或许得以稳定。显然,政府需要知道——至少大概知道——政府正在做的事情。否则容易产生旨在稳定经济的政策反而导致经济不稳定的结果。我们并不想掩饰问题的难度。在最大程度的无知状态下,什么都不做的政策未必劣于做特定事情的政策,什么都不做的政策也未必优于做特定事情的政策。尽管难以确定正确的方向,但是政策既非不需要也非不起作用。在理论与实践这两个方面,政策特有目标通常足够明显。

……

的确可以提出以下主张:错误的结论来自相对无知的政府。对于自己的当前行动给予未来的具体影响的问题,经济的全部参与者实际上都缺乏准确的信息。我们拥有告诉我们经济人应该在缺乏信息的场合进行最优决策的理论。没有最优决策理论不适用于政府决策的内在原因。政府需要定义明确的目标。在实践中,政府可能没有定义明确的目标。通常,并非缺乏信息,而是没有定义明确的目标才是政府面临的主要障碍。若政府具有定义明确的目标,人们就察觉到"不作为政策"难以成为最优选择。应该注意到,若存在知道定义明确的政策的政府,就可能存在行动是状态函数的最优政策,从而也就不存在是选择"相机抉择"还是"政策规则"的问题了。"相机抉择"或"政策规则"的模型化问题显得过于学术化。政策的模型化没有考虑政府的政治生命和有限智力。上述原因可能成为认可"不作为政策"的依据,但还是期待政策的模型化分析。在多数社会中,人们都假定政府不仅知道自身需要的东西,还了解自身面临的可能约束条件。若人们对于政府的上述认识完全错误,则这相当令人不安。然而无论答案如何,不完全信息自身并不能成为支持不作为政策的依据。

选自[英]弗兰克·哈恩、罗伯特·索洛:《现代宏观经济理论的评论》,朱保华等译,上海财经大学出版社 2011 年版,第 1~12、59~60、114~115、200~202 页。

2. 贝纳西[①]

非均衡经济

不完全竞争模型与瓦尔拉模型

对真实世界中的极少数市场而言,如股票市场(正是股票市场启示了瓦尔拉),瓦尔拉式的故事是个很好的描述。通过一个真实存在的拍卖者,从制度上保证这些市场上的供求相等。但对另外所有那些拍卖者缺位的市场而言,瓦尔拉式的故事很明显就是不完全的……我们的目的是消除这些割裂,在不存在拍卖者、市场出清并非不言自明、除了价格信号以外数量信号也得到关注的条件下,构建一个自洽的理论体系,来描述分散市场经济系统的内在机能。放弃了所有市场每时每刻都出清的假设之后,可以得到意义深远的结果:交易不会总是等于市场上所表现的需求和供给,结果,一些行为人受到了配额约束,除了价格信号外,数量信号也形成了;因为这些数量信号,需求和供给理论必须加以充分修改。仅仅考虑价格因素的瓦尔拉需求必须为更一般的有效需求所代替,后者同时考虑了价格信号和数量信号;价格理论也必须以这样的方式得到改进,即包含非出清市场的可能、数量信

① 让·帕斯卡·贝纳西(Jean Pascal Benassy,1948—),法国经济学家,现为法国国家科研中心(CNRS)研究主任(Director of Research)、法国经济研究及其应用中心(CEPREMAP)研究员;代表作有《市场非均衡经济学》(1982)、《宏观经济学与非完全竞争》(1995)、《货币、利率与政策》(2007)等。

号的存在、行为人自身对理性的价格制定决策负责。如我们将要看到的,从由此而产生的框架中会令人回想起传统的不完全竞争理论。

……

最明显的是引入不完全竞争可以得到比瓦尔拉模型丰富得多的分析框架。事实上,相应的瓦尔拉模型是参数 θ 和 υ 等于 1 时的极端情形。而增加一般性并没有牺牲严格性,因为价格和工资都是直接从最大化问题导出的,并不同于瓦尔拉模型中供给和需求的相等关系只是简单处理为基本假定。至于引言中提出的关于这些模型是否是凯恩斯型的问题,必须承认我们的答案十分偏向于否定的一面,这些模型的结论更多地体现了古典型的情况。虽然这些均衡的无效率性质与凯恩斯固定价格 - 固定工资的假设非常接近。但是经济学家所讨论的古典型或凯恩斯型就是对政府政策的反应而论的。我们看到,这里对政策的反应,不论是货币政策还是财政政策,实际上都具有古典性质。简单地说,直观理由是由不完全竞争模型产生的,是真实刚性,而凯恩斯模型的特征通常与名义刚性有关。我们是否应该得出结论,在不完全竞争和凯恩斯主义之间存在根本的断裂呢? 答案实际上是否定的。我们已经看到不完全竞争本身并不会产生凯恩斯型的效应,但我们也注意到不完全竞争模型提供了一个比传统的市场出清模型更丰富的分析框架。因此,可以在这个框架中加入其他的假设,从而引入名义刚性和凯恩斯型的特征。

……

我们建立了一个具有最优化行为的代表性行为人的可计算模型,并在传统的真实周期模型中引入货币与市场非出清。可以得到以下结论:首先,在模型的瓦尔拉版本中,货币冲击对真实变量没有影响,仅仅引入货币本身并不必然使货币冲击对经济产生影响。其次,在同时存在货币与市场非出清时,情况就完全不同了,尤其是,未预期到的货币冲击对就业与产出产生作用,对产出的作用是通过资本积累并随时间进行传导的。这些影响给出了介于真实经济周期与传统凯恩斯主义之间的一个平衡观点。尤其是,货币冲击引致真实工资的逆周期与价格的顺周期,而技术冲击则引致真实工资的顺周期与价格的逆周期。通过一个随机冲击下具有严格跨期最优化基础的可计算模型,我们得到了具有"古典主义"与"凯恩斯主义"综合意味的结论。现在我们发现即使货币冲击影响就业与产出,这些效果也是不持久的。如果折旧率非常小,就像在附录中所讨论的,货币冲击的影响将集中在第一期,而经验研究的结果显示货币冲击的影响应该是比较持久的。我们还将指出货币冲击的持久性结果可以在具有更加成熟的劳动合同的模型中得到。直到20世纪70年代,凯恩斯主义作为一种广为接受的观点,认为工资或者价格刚性确实为积极的逆周期的需求政策提供了一个良好的微观基础。在工资或者价格刚性条件下,未预期的负向需求冲击确实造成了资源非充分利用,因此政府此时可能通过实施充分的需求刺激来治理这种资源的非充分利用(正向冲击时则相反)。

名义刚性和主动政策主义

凯恩斯的政府主动政策观点随着20世纪70年代初期理性预期学说的到来而遇到前所未有的巨大挑战,其中有两个批评对凯恩斯主动政策观点的威胁性最大。首先是卢卡斯批评:大部分显示主动政策有效性的凯恩斯模型是非"结构化"模型,即没有严格的微观基础作为支撑。这个批评是十分中肯的,凯恩斯模型中的许多总方程直接引入了一些先验假说,由此造成整个模型的"非结构化"。因此对主动政策有效性的考察要求必须从具有明确的行为人的模型结构出发。其次,一个批评由 Sargent 和 Wallace 提出:绝大多数凯恩斯模型的主动政策有效性实际上来自于模型中隐含的假定政府相对于私人部门的"信息优势",即政府可以对某些"近期"的冲击做出政策响应,而私人部门却被锁定在"过去"的名义工资或价格契约当中。如果政府对冲击比私人部门并不具有更多信息优势,政府主动政策将呈现"无效"。这个批评切中要害,绝大多数凯恩斯模型,甚至基于理性预期构建的一些模型均显得脆弱(Fischer 1977 年的论文便是一个著名的例子)。进一步讲,如果享有信息优势的政府部门具有向私人部门公布更多信息的义务，那么唯有当私人部门未能接受更多的信息时，政府才有义务干预经济。

……

本章旨在构建一个具有预置工资的严格最优化模型，重新检验上述议题。在此模型中，经济系统受到来自需求和供给两方面的随机冲击，政府部门对私人部门具有如前所述的"信息劣势"。更准确地讲，模型假定：①政府部门采取主动政策的信息基础并不优于私人部门行动的信息基础；②私人部门设置工资在政府同期政策决定之后。这就是说，当私人部门被锁定于固定的名义工资契约的同时，政府并不能对私人部门进行"惊扰"。尽管做出上述设定，我们仍然发现采取主动政策才是最优的。尽管经济系统每期在工资预先设定之后才接受需求或供给随机冲击，我们设计的最优政策仍然可以成功地保持整个经济系统的充分就业。

……

忽略财政政策的一个常用托词是财政政策的实施时滞较长，而货币政策实施起来则相当快。我们将通过引入一个财政政策与货币政策的行动时间差异，从而将此问题考虑在内。如同其他关于货币规则的文献，我们假设货币政策可以响应所有的当期随机冲击。财政政策则相反，同前述各章一样，我们假设其只能响应过去的冲击。因此货币政策具有一个明显的信息优势。我们的结果表明：首先，单独研究货币政策将很可能导致政策设计的一大扭曲。举例而言，尽管单独考虑货币政策时，货币政策是主动的，但是将货币和财政政策通盘考虑的时候，却发现最优货币政策变成了非主动性规则。其次，最优财政－货币政策组合可以获得好得多的政策效果。当然，由于我们加入了另一个政策工具，这个结果应该在预料之中。但是我们将会看到财政－货币组合所产生的稳定性质要远远优于单独最优货币政策所获的相应性质。

选自［法］让·帕斯卡·贝纳西：《不完全竞争与非市场出清的宏观经济

学》,淡远鹏、封进、葛劲峰、陈磊译,上海人民出版社 2005 年版,第 76～77、
135、185～186、224～227 页。

3. 萨缪尔森、诺德豪斯①

折中主义者的现代混合经济

一个折中主义者的宣言

多年来,无论是经济还是经济学本身无疑都发生了翻天覆地的变化。一版接一版的萨缪尔森《经济学》,包括诺德豪斯加盟后的多个版本,不仅如实记录了当代世界经济的变革,而且也及时提供着经济学前沿地带最缜密的学术思考。令人惊讶的是,眼前的这本《经济学》也许是所有 19 个版本中最为出色的一版。我们称之为"不偏不倚版"或曰"精华版"。它仍在进一步倡扬现代混合经济的价值:能将严厉冷酷的市场运作规律与公正热心的政府监管机制巧妙地糅合成一体! 折中主义在今天之所以如此重要,是因为全球经济正面临一场可怕的雪崩,也许是 20 世纪 30 年代大危机以来最为严重的周期性衰退。诸多现存教科书都曾推崇得意过早的自由主义,一直为

① 保罗·萨缪尔森(Paul Samuelson,1915—2009),美国经济学家,首次将数学分析方法引入经济学,帮助经济困境中上台的肯尼迪政府制定了著名的《肯尼迪减税方案》,并且写出了一部被奉为经典的教科书,并于 1970 年获得诺贝尔经济学奖;代表作有《经济分析基础》(1947)、《线性规划与经济分析》(1958)等。威廉·诺德豪斯(William D. Nordhaus,1941—),从 1967 年起,他一直在耶鲁大学任教,1973 年被聘为终身教授,现任耶鲁大学惠特尼·格里森伍尔德经济学教授和考尔斯经济学研究基金会理事。诺德豪斯在耶鲁大学主讲经济学原理课程,也是全球研究气候变化经济学的顶级分析师之一;代表作有《管理全球公共空间:气候变化的经济学》(1994)、《警告世界:全球变暖的经济模型》(2000)等。

自由市场的金融成就欢呼雀跃,不断为解除管制、取消监管等自由主义改革而推波助澜。然而,这场庆典的苦果,却只能是疯狂之极的楼市和股市轰然崩溃,而酿成目前这场金融危机。我们所倡导的折中主义,并不是一味旨在让读者背离个人信仰的方剂。我们只是分析家而绝非邪教布道者。本书倡导的折中主义并非是由意识形态所培育的。我们只根据现实和理论来推定自由主义或官僚主义的客观后果。所有读者都可据以自由地择定他们自己心中最好的行为准则和价值标准。

……

漫游了经济学领地之后,我们的心得是,无论是无管制的资本主义制度还是过度管制的中央计划体制,二者都不能有效地组织起一个真正现代化的社会。这一点已经为经济史所证实。来自左翼和右翼的各种诟病一直在呼唤折中主义者临危授命。严格管制的中央计划经济,在 20 世纪中间的几十年中曾经被广泛地鼓吹和采用,而在其酿成了经济停滞和消费者种种不幸后果之后,终于为历史所抛弃。哈耶克和弗里德曼警示我们止步的"通向奴役的路"究竟是什么样的呢?他们所反对的东西是社会保障、最低工资、国家公园、累进税制,以及致力于环境保护和减缓全球变暖等政府规制。今天,在高收入社会中绝大多数人当然都拥护这些计划。这类混合经济既提供法治规则,也允许有限度的竞争自由。

……

我们的使命不仅在于确保本书能涵盖最新最优秀的经济学思想,并全面透彻地解析现代混合经济的运作逻辑,而且还在于我们始终怀着一种公正博大的胸怀去阐释来自左翼和右翼的各种批评意见。尽管如此,在此宣言中,还是不妨允许我们再上一个台阶:认可"有限的折中主义"的存在。我们的知识体系当然还不够完善,社会经济等各种资源则更是有限。我们当然也会注意到当前世界经济的困境。我们已经目睹不受约束的资本主义制度所滋生的令人寒心的收入和财富的不公平分配,以及供给学派财税信条所导致的巨大的财政赤字。我们还见证了缺乏监管体制时那些重大的现代金融创新所带来的数以千亿美元计的天价损失,乃至许多曾经令人肃然起敬的金融帝国大厦的坍塌。只有当社会经济航船平稳驶向"有限的折中"这个新的海域,我们才有可能确保全球经济恢复到充分就业的理想境界。在那里,社会经济进步的果实将能更加公平地为栽培它的人们所分享。

经济学、稀缺、效率

经济学研究的是一个社会如何利用稀缺的资源生产有价值的商品,并将它们在不同的个体之间进行分配。若思考一下这些定义,我们可以发现经济学贯穿着两大核心思想,即物品和资源是稀缺的,以及社会必须有效利用这些资源。事实上,正是由于存在着稀缺性和人们追求效率的愿望,才使得对经济学的关注永远不会消失。不妨考虑一个不存在稀缺的社会。如果能无限量地生产出各种物品,或者如果人类的欲望能够完全得到满足,那么会产生什么样的后果呢?既然人们拥有自己想要拥有的一切东西,当然也就不必再担心花光其目前有限的收入,而企业也不必为劳动成本和医疗保健问题犯愁;政府则不用再为税收、支出和环境污染等问题而大伤脑筋,因为谁都已经不在乎这些问题了。此外,既然我们所有的人都能够随心所欲地得到自己想要的东西,那么也就没有任何人会去关心不同的人或不同阶层之间的收入分配(是否公平的)问题。

……

在这个丰裕而理想的伊甸园里,所有的物品都实行免费,仿佛沙漠中的沙子和海滩边的海水。所有的价格也都因此变成了"零",市场也因此而变得可有可无。如果是,则经济学当然也就不再是一门有用的学科。然而任何现实社会都绝不是那种拥有无限可能性的"乌托邦",而是一个到处都充满着经济品的稀缺的世界。稀缺是指这样一种状态:相对于需求。物品总是有限的。实事求是的观察家都不会否认,尽管经历了两个世纪的经济快速增长,美国的生产能力还是不能完全满足每个人的欲望。如果将所有的需要加总起来的话,你立刻就会发现,现有的物品和劳务甚至根本无法满足每个人的消费欲望中很小的一部分！我们的国民产出须扩大很多很多倍，才有可能使得普通的美国人都能达到医生或联赛棒球手那样高的生活水准。更何况在美国以外的国家，特别是非洲地区，在那里，成千上万的人甚至还处于饥寒交迫之中。

……

鉴于人欲望的无限性，就一项经济活动而言，最重要的事情当然就是最好地利用其有限的资源。这使我们不得不面对效率这个关键性的概念。效率是指最有效地使用社会资源以满足人类的愿望和需要。相反，如若经济中充斥着恶性竞争、严重污染或政府腐败，它当然只能生产出少于"无上述问题"时该经济原本可以生产的物品，或者还会生产出一大堆不对路的物品。这些都会使消费者的境遇比本该出现的情况更差。这些问题都是资源未能有效配置的后果。经济效率要求在给定技术和稀缺资源的条件下，生产最优质量和最多数量的商品和服务。在不会使其他人境况变坏的前提下，如果一项经济活动不再有可能增进任何人的经济福利，则该项经济活动就被认为是有效率的。经济学的精髓之一在于承认稀缺性是一种现实存在，并探究一个社会如何进行组织才能最有效地利用其资源。这一点，可以说是经济学伟大而独特的贡献。

热切的心情，冷静的头脑

你或许会问，经济学家进行权衡、分析和计算的目的是什么？经济科学的最终目的是改善人们的日常生活条件。提高国内生产总值绝不是一场数字游戏。较高的收入水平所意味的是可口的食品，温暖的房屋、热水，还有安全的饮用水以及长期预防疾病的接种疫苗。然而人类几千年的历史告诉我们，仅仅依靠热情是不能解决饥饿和治愈疾病的。一个自由和有效的市场并不能必然地使收入分配得到全社会的认可。决定经济进程的最佳路径，或实现社会产出的公平分配，所需要的都是冷静的头脑。它可以客观地评估各种手段的成本和收益，尽最大的可能保持分析的独立性，而不受各种一厢情愿的空想的干扰。有时,经济进程还要求一些过时的工厂倒闭:有时,情况先是恶化,而后才会好转,正如某些中央计划体制的国家采用市场原则后所经历的那样。医疗保健领域的选择更难权衡,因为有限的资源所直接涉及的是人的生死存亡。

……

你也许听说过一句口号,叫作"各尽所能,按需分配"。但那些政府已经逐渐明白,还没有哪一个社会能仅靠这一理想化原则长期地运转下去。为了维持经济的健康运行,政府必须建立机制,让人们有工作和储蓄的动力。社会应当为失业者提供一定时期的支持,但如果(失业等)社会保险覆盖面过大或时间过长的话,则人们就会依赖政府。他们会逐渐认为政府应该为他们生活的各个方面负责。这当然会使人类的进取之剑日益锈钝。正是由于政府项目追求崇高目标,才意味着严格审查和效率管理势必不可缺忽。社会必须致力于兼顾无情的"市场规则"与慷慨的"国家福利"。只有在充满热情的同时保持冷静的头脑,经济科学才能够发挥作用,才能为一个富有效率、繁荣和公正的社会寻找到恰当的平衡点。

市场经济、指令经济和混合经济

解决生产什么、如何生产以及为谁生产的问题,有哪些不同的方式呢?不同的社会选取和借助各种不同的经济体制进行组织,而经济学则研究这些可供社会采用的配置稀缺资源的制度和机制。通常我们区分两种本质不同的经济组织方式。一个极端是,政府制定大部分经济政策,处于统治集团最高层的那些人逐层向下发布经济指令;另一个极端是,决策由市场来做出,个人或企业通过货币支付自愿地交换物品和劳务。让我们简要地考察经济组织的这两种形式。

……

在美国和越来越多的国家中,多数经济问题都是由市场来解决的。因此,它们的经济制度称为市场经济。市场经济是一种主要由个人和私人企业决定生产和消费的经济制度。价格、市场、盈亏、刺激与奖励的一整套机制解决了生产什么、如何生产和为谁生产的问题。企业采用成本最低的生产技术(如何生产),生产那些利润最高的商品(生产什么)。消费则取决于个人如何决策去花费他们的收入(为谁生产),这些收入包括来自劳动的工资收入和来自财产所有权的财产收入。市场经济的极端情况被称为自由放任经济,即政府不对经济决策施加任何影响。

......

与市场经济不同,指令经济是由政府做出有关生产和分配的所有重大决策。在指令经济中,如20世纪大部分时期前苏联所采取的经济制度。政府不仅占有大部分生产资料(土地和资本),而且拥有并指导大多数行业中的企业经营,并成为大多数工人的雇主,指挥他们如何工作。此外,政府还决定社会产出在不同的物品与劳务之间如何分布。简言之,政府通过它的资源所有权和实施经济政策的权力解答基本的经济问题。当今世界上没有任何一个经济完全属于上述两种极端之一。相反,所有的社会都是既带有市场经济的成分也带有指令经济的成分的混合经济。

选自[美]保罗·萨缪尔森、威廉·诺德豪斯:《经济学》,萧琛译,商务印书馆2012年版,前言、第1~30页。

4. 阿克洛夫、席勒①

非理性行为与政府干预

动物精神

要想理解经济,就必须理解它是怎样受动物精神驱动的。正如亚当·斯密的"看不见的手"是古典经济学的基本原理一样,凯恩斯的动物精神是另一种经济观(解释资本主义内在不稳定性的观点)的基础。凯恩斯关于动物精神如何驱动经济的主张,让我们看到了政府的作用。凯恩斯关于政府在经济中所起作用的观点,十分类似于各类育儿指南书给我们的告诫。一方面,指南书警告我们不要太独裁。孩子会表面上服从,当他们到了青少年时就会反叛。另一方面,这些书告诉我们不要太娇惯孩子。娇惯孩子就无

---

① 乔治·阿克洛夫(George Akerlof,1940—),美国经济学家,加利福尼亚州大学伯克利分校经济学首席教授,2001 年诺贝尔经济学奖获得者。阿克洛夫的研究范围包括货币理论、金融市场、宏观经济学等,并在贫困和失业理论、犯罪与家庭、社会习俗经济学等领域发表过大量论著;代表作有《资本、工资与结构失业》(1969)、《"柠檬"市场:质量的不确定性与市场机制》(1970)、《一位经济理论家的故事书》(1984)、《惩罚与服从》(1991)、《社会悬殊与社会制裁》(1995)、《经济学与恒等式》(2000)等。罗伯特·席勒(Robert Shiller,1946—),美国经济学家,现就职于耶鲁大学 Cowles 经济学研究基地,并任美国国家经济研究局(NBER)助理研究员、美国艺术与科学院(American Academy of Arts and Sciences)院士、计量经济学会(Econometric Society)会员、纽约联邦储备银行学术顾问小组成员。2013 年因"资产价格实证分析方面的贡献"获得诺贝尔经济学奖;代表作有《金融和良好的社会》(2012)、《次贷解决方案:全球金融危机如何发生和怎么办》(2008)、《非理性繁荣》(2000)等。

法教会他们自我约束。指南书告诉我们,恰当的育儿方式要在这两个极端之间走一条中间道路。父母的恰当角色是设定限制,这样孩子就不会过度放纵他们的动物精神,但这些限制还要给孩子留有独立学习和发挥创造力的空间。父母的任务是营造一个幸福的家庭,给孩子自由,但也保护孩子免受动物精神的支配。这个幸福的家庭正好对应于凯恩斯(也是我们)关于政府恰当作用的观点。资本主义社会,正如古典经济学所证明的那样,可以有极大的创造力,政府应该尽可能少地干预这种创造力。另一方面,若完全放任,资本主义经济也会走过头,正如当前所经历的那样。经济会出现狂热,随之而来的是恐慌。很多人会失业;人们消费得太多,储蓄得太少;少数族裔受歧视,并遭受痛苦;房地产价格、股票价格甚至石油价格暴涨,然后暴跌。政府的恰当作用,正如育儿指南书中提到的父母的恰当角色一样,是搭建平台。这个平台能够充分驾驭资本主义的创造力,但也能够制约由我们的动物精神引起的极端行为。

……

亚当·斯密的思想实验正确地考虑到人们理性地追求自身的经济利益,人们当然是这样。但是这一思想实验并未考虑到人们受非经济动机的支配,而且没有考虑到人们的非理性程度或者被误导的程度。概而言之,它忽略了动物精神。与此相反,凯恩斯试图解释对充分就业的偏离,他强调了动物精神。他强调动物精神在商人的算计中所起的基本作用。他写道:“我们用于估计一条铁路、一座铜矿、一家纺织厂、一项专利药品的商誉、一艘大西洋邮轮或一座伦敦市内建筑未来十年的收益的知识基础,没有多大意义,甚或毫无意义。”如果人们是那么的不确定,又该如何进行决策呢?这些决策“只能被视为是动物精神使然”。它们来自于人们“想要采取行为的冲动”,它们不像理性的经济理论所预测的那样,是“收益值乘以其概率的加权平均值”。

……

动物精神这一术语在古语和中世纪拉丁文中被写成 spiritus animalis,其中 animalis 一词的意思是"心灵的"或"有活力的"。它指的是一种基本的精神力量和生命力。但是在现代经济学中,动物精神具有略微不同的含义。它现在是一个经济学术语,用来指经济的动荡不安和反复无常。它还意味着我们和模糊性或不确定性之间的特有联系。有时候,我们被它麻痹,有时候它又赋予我们能量,使我们振作,克服恐惧感和优柔寡断。正如家庭有时和谐、有时争吵,有时高兴、有时忧伤,有时成功、有时混乱一样,整个经济也是如此,时好时坏。社会组织会变,相互间的信任会变;同样,我们付诸努力、牺牲自我的意愿也绝非一成不变。

信心

考虑到这些词的其他含义,经济学家们以双重均衡或乐观预测和悲观预测为基础的观点,似乎漏掉了一些东西。经济学家只是抓住了信任(trust)或相信(belief)的部分含义。他们的观点表明,信心是理性的:人们利用手头信息做出理性预测,然后再以这些理性预测为基础做出理性决策。当然,人们经常按照这种方式自信地做出各种决策。但信心概念的含义远不止于此。信任的真正含义是,我们要超越理性。真正值得信任的人常常抛弃或者忽视某些信息,他甚至不会理性地处理他所得到的信息。即使他理性地处理信息,仍可能不会理性地行事。他采取行动所依据的是那些他确信为正确的东西。信心的存在会对乘数产生更深层的影响,其他乘数也高度依赖于信心水平。当前的经济(截至 2008 年 11 月)状况揭示了其中的原因。信心低落导致信贷市场冻结,贷款人不相信能收回贷款。在这种情形下,那些想花钱的人发现,他们难以得到所需的信用;那些提供商品的人发现,他们难以获得所需的流动资金。其结果是,通常的财政乘数,无论是来自政府支出的增加还是减税,都会较小,而且有可能更小。

公平

经济学最基本的理论是交换理论,它描述谁拿什么东西在什么市场上跟什么人交易。但是关于交换还有一个社会学理论。它和经济学理论的主要区别在于,公平在交换中发挥核心作用。换言之,社会学的交换理论依赖于对公平和不公平的看法。社会学家关于交换的定义要比经济学家的定义宽泛得多,因此社会学需要一个不同的交换理论。他们不仅想解释市场交易,还想解释企业之间、朋友之间、熟人之间以及家庭内部的非市场交换。社会学家认为,如果交换是不公平的,那么处于不利地位的人就会愤怒,由愤怒激发的冲动会迫使交易趋向公平。社会学的交换理论被称为公平理论,该理论认为,对交换的任何一方来说,投入应该等于产出。当然,这似乎在任何市场下都会发生,例如,超市卖给你商品,你为商品付钱。因此,社会学家说他们的理论受到了经济学家的启发(不过,经济学家也许并不认为这很光彩)。但是这两种理论还是有所区别的,因为经济学家所认为的任何交易一方投入的价值,仅指他们投入的货币价值,它十分不同于社会学家所认为的投入和产出的价值。社会学家所说的投入包括主观评价,例如交易一方的社会地位高低。

腐败和欺诈

资本主义的物产丰富至少有一个缺陷。它并不是自动地生产人们真正需要的东西,而是生产人们认为有需要且愿意为此付钱的东西。如果人们愿意为药品付钱,资本主义就生产药品;但是如果人们还愿意为包治百病的假药付钱,资本主义就会生产假药(这就为腐败和欺诈留下了基础)。

货币幻觉

当决策受到名义美元金额的影响,货币幻觉就会发生。现在,经济学家说,如果人们是"理性的",其决策就只会受到以下因素的影响,即他们用这些名义美元能够在市场上购买什么或者出售什么能够获得这些名义美元。在没有货币幻觉的情况下,定价和工资决策只受相对成本或相对价格的影响,而不受这些成本或这些价格的名义值的影响。我们已经看到,现代宏观经济学最主要的假设之一，是人们能够揭掉通货膨胀的面纱。这似乎是一个极端的假设。鉴于工资合同、价格决定、债券合同以及会计核算的性质，这个假设似乎是完全不合情理的。通过指数化，这些合同可以轻易地把通货膨胀的面纱抛在一边。但是在绝大多数情况中，合同的各方当事人并不选择指数化。这些例子只是货币幻觉的个别体现而已。我们将看到，考虑货币幻觉给了我们一个不同的宏观经济学，一个会得出完全不同的政策结论的宏观经济学。我们又一次看到，动物精神在经济运行中扮演着重要角色。

故事

人类的心智是按照记叙式思维来构造的，它把一系列具有内在逻辑和动态变化的事件，看成一个统一的整体。因此，人类行为很多动机来自我们生活中的故事。这些故事是我们讲给自己听的，它们进而产生了人类的动机结构。如果没有这些故事，生活很可能只是"一桩接一桩该死的事情"。对一个国家、一个企业或一个机构的信心也是如此。伟大的领导人总是首要的故事创造者。政治家是故事的重要来源之一，尤其是在关于经济状况的故事方面。他们花费大量时间和公众交流，这样做其实就是讲故事。因为他们和公众的大多数互动都与经济有关，所以他们的故事也多半和经济有关。我们可以借鉴传染病的传染方式，为故事的传播创建模型。故事就像病毒，它们口口相传，就像一种传染病。流行病学家开发了一种研究流行病的数学模型，也可以用于研究故事和信心的传播。这些模型的关键变量是传染率（衡量一种疾病从一个人传播到另一个人的能力）以及免疫率（衡量人们摆脱传染病的能力）。关键的初始条件是患有传染病的人数，以及易感染这种疾病的人数。掌握这些情况以后，传染病的数学模型就能够预测疾病传播的全过程。不过还是有一些不确定，因为有些变量，如病毒的突变等能够改变传染率。

政府干预

在这里,我们要再次强调我们的观点,即资本主义不仅出售人们认为自己真正需要的东西,还出售人们想要的东西。尤其在金融市场上,资本主义导致了极端行为和银行破产,而银行破产又造成了更广泛的经济问题。所有这些过程都受到各种故事的推动。人们讲给自己听的关于他们自己的故事、关于其他人会怎样做的故事以及经济作为一个整体会如何运行的故事,所有这些故事都会影响人们的行为,而且它们并不稳定,会随时间而变化。这样一个充满了动物精神的世界为政府干预提供了机会。政府的角色应该是设定条件,使我们的动物精神可以创造性地发挥更好的作用。换言之,政府必须制定游戏规则。许多经济学家认为经济应该自由放任,管得最少的政府是最好的政府,政府应该在规则方面发挥最少的作用。我们和这些经济学家不同,根本的原因在于我们对经济有不同的认识。如果我们认为人们完全理性,而且几乎都按经济动机来行动,我们也会相信政府不应该监管金融市场,甚至不应该在决定总需求水平上发挥作用。但是与之相反,动物精神的各个方面会推动经济朝着不同方向运行。如果政府不进行干预,经济就会发生巨大的就业摆动,金融市场也会不时地陷入混乱。

选自[美]乔治·阿克洛夫、罗伯特·席勒:《动物精神》,黄志强、徐卫宇、金岚译,中信出版社2009年版,第28、44~45、56~62页。

5. 罗宾逊①

从哲学角度重读凯恩斯

经济学

在社会科学中(恕我们冒昧地这么称呼)应用科学方法的最大困难在于:我们还没有为某种假说的反证建立统一的标准。如果无法控制实验,我们就必须依赖于证据来进行解释,而解释就牵涉到评价,因此我们可能永远都无法获得无可反驳的答案。但由于主体会不可避免地渗透入道德情感,所以评价会因为先入之见而带有倾向性。个人问题是缺乏实验方法这一主要问题的副产品,所以严格来讲,我们无法迫使经济学家把形而上学概念化约为可证伪的术语,也无法迫使大家在可证伪问题上达成一致。所以经济学的一只脚是无法检验的假说,另一只脚是无法检验的口号,经济学只能一瘸一拐地前行。我们的任务就是尽最大可能将意识形态和科学区分开来。我们将会发现这一任务提出的问题没有好的答案。主宰我们当今社会之意

① 琼·罗宾逊(Joan Robinson,1903—1983),英国经济学家,新剑桥学派的代表人物之一,也是世界级经济学家中罕见的女性。1983 年她去世时,她的学术对手萨缪尔森在悼文中除了赞扬她天才的思辨、卓越的成绩、犀利的文风以及坚韧的性格之外,还多了两个前无古人的特征:她是迄今为止所有伟大经济学家中唯一的女性;她是伟大的经济学家中应该获得而没能获得诺贝尔经济学奖的人。她的代表作有《不完全竞争经济学》(1933)、《自由与必然:社会研究导论》(1970)、《现代经济学文稿》(1978)等。

识形态的主要特征,就是意识形态极度混乱。只有揭示出其中的矛盾才能理解这一点。

效用

由于劳动价值理论不尽如人意,且被正统阵营彻底清除了出去,效用进入了人们的视野。效用是一个循环论证且无懈可击的形而上学概念,效用是商品使人愿意购买它们的品质,人们愿意购买商品这一事实表明,商品具有效用。在进一步讨论之前,我们已经悲哀地注意到,当代对效用这一概念的所有改进都没有使它脱离形而上学的范围。今天我们被告知,因为无法对效用进行度量,所以效用不是一个可操作概念,"显示性偏好"也无从显示。可观察的市场行为会显示个人的选择。偏好只是我们所讨论的个人的喜好,而且不涉及价值评判。但随着讨论的进行,我们渐渐清楚,对个人而言,好东西就是他自己喜欢的东西。人们可能认为这不是一个满足的问题,而是一个自由选择的问题:即我们愿意他拥有自己喜欢的东西,这样才能避免限制他的行为。然而,吸毒者应该去戒毒,孩子应该去上学。除非我们对偏好本身进行评价,否则我们怎么才能确定哪些偏好应该得到尊重,哪些偏好应该受到限制呢?

……

正如冈纳·缪尔达尔所指出的,效用的意识形态内容与价格类似,很奇怪都有两面性。从一个角度来看,效用理论比古典理论更有人情味。在这里,工资第一次被纳入了国民财富的范围。亚当·斯密非常喜欢考虑工人享受"富足"的情况,但对他来说,工资基本上就是一种成本,而且一个高度富足的国家也是一个劳动力便宜的国家。在李嘉图那里,财富就是积累。对新古典经济学而言,工人所消费的商品的效用,与其他东西没有区别……不仅如此,边际效用递减原理也适用于收入……从这一点来看,如果没有更为根本的干预经济体系的手段,放任因商品分配的不公平而使商品的效用凭空消失,就证明了工会和累进税以及福利国家这类公平原则的正确性。

但从另一方面看,效用的重点就是证明自由放任的正确性。每个人都必须按自己的意愿自由地花费自己的收入,一旦他将每一先令的边际效用均衡地花费在每种商品上,他就获得了最大的利益。在完全竞争条件下,对利润的追逐会使得生产者必然让边际成本与价格相等,并从现有的资源中获取最大可能的满足。这是一种终结各种意识形态的意识形态,因为它彻底排除了道德问题。对每个个人来说,唯一需要做的就是获取利益的自利行为。

……

如何才能将理论的两个方面,即效用理论所揭示的彻底的革命性纲领和自由放任的彻底的保守意识形态,分别开来呢? 首先我们必须认识到,虽然从逻辑上说这一任务表现出难以克服的困难,但从神学意义上说这一任务其实又非常简单。经济学家的学生虽然不是大笔财产的所有者,但整体而言并不属于因为不平等而受到损失的社会阶层。而且,那些有社会主义倾向的人一般而言反对将整个问题张冠李戴。研究这个问题的学者实际上也准备安慰一下自己的社会良知。这种方法之所以抵消了这一理论中平等主义因素的作用,主要是因为效用最大化的研究已经从效用转向了物质产品。平均分配的较小的总物质产品,可能比不平均分配的较大的总物质产品具有更大的效用。但如果我们密切关注的是总物质产品,我们很容易就会忘记效用……在某种程度上看,这种说法虽然表现出古典经济学家的精明,但却一直是以较为温和的形式呈现出来:不平等可能在很大程度上依赖于增加可供分配的总额,所以即使是最少量的分配额,也大于平均主义制度下的分配额。我们过去常常得知,收入再分配实际上并不能显著增加每个人的收入。我们能感觉到所有这些说法都比较讲究实际。这里唯一让我们感兴趣的是通过一套简洁的戏法,效用理论的平均主义道德在我们眼前消失了。

……

回避效用理论的平均主义道德的另一种方法就是坦率地承认平均主义道德,但是却将它与分配问题严格分开。这一方法仍然提出了运用的问题,但假设分配(比如说通过税收和补助金制度)可以解决这个问题,这样就能显示出自由市场能够带来最大满足。当然,没有人会认真对待税收和补助金问题,或者说,将收入少量且定向发放给个人而不看他们的工作成果,我们研究一个依赖于货币刺激的经济体系如何运作,或者在没有人获准以高于平均水平的水平保有他为了自家的利益所获得的利润的时候,利润动机如何发挥作用。所有仍然在讲授并仍以鲜活细节进行精心阐述的分析中,道德评判这一概念的要旨被排除在外,整个分析过程的推进是一种纯逻辑过程。道德含义的概念与这一领域实践者的行为并不一致。新古典体系潜意识里主要关注的是如何将利润提升到与工资的道德体面相同的水平。劳动者应得其报酬,资本家应得什么呢? 古典学派将剥削看成是一国财富之来源的冷静态度已经被抛弃。由于工人没有财产,在自己的劳动成果出现之前无法维持自己的生活,所以没有必要将资本看成是预付工资。在某种程度上,资本等同于时间的等待,它通过一个较长的妊娠期生产出了一个额外的产出。由于资本具有生产性,因此资本家有权获得自己的一份。又由于只有富人才进行储蓄,所以不平等已被证明是正当的。同时,当前这个彻底的革命性纲领已经转变为纯福利理论中的闲置环节。

凯恩斯主义

第一,凯恩斯恢复了古典理论中讲求实际的某些方面。他将资本主义制度看成一种制度、一家持续经营的企业、历史发展的一个阶段。有时候,他胸中充满对资本主义的愤怒和失望,但总的来说,他赞同或至少觉得值得花费精力对其进行修补并使之运行良好。

第二,凯恩斯恢复了被自由放任理论废除了的道德问题。在剑桥,事实上从来没有人教过我们,说经济学与价值无涉;或者说,经济学可以严格区分为实证经济学与规范经济学。我们知道,搞研究是为了出成果,为了出人头地,但自由放任的麻醉作用即使在剑桥也极为有效。马歇尔确实是一位伟大的宣道者,但道德总归会显露出它几乎是最好的本来面貌。庇古则根据自由放任保证最大化满足之规则的例外情况,提出了他在《福利经济学》中的观点,但他并没有质疑这一规则。不过为了在最可能产生效益的用途之间进行资源分配,他需要在很多地方进行重新调整。虽然产品分配的不公引发了质疑,但它们很容易就被指为是乌托邦空想。正如我们所见,哪怕不怎么喜欢利润动机的凯恩斯(在 20 世纪 20 年代)也认为,它提供了一种比其他任何"看得见"的经济运行机制更好的机制。但保留意见是,它并不必然能使资源物尽其用。20 世纪 30 年代,大部分资源都被闲置,凯恩斯将此情况诊断为资本主义机制的高度失灵,并因此对每个人让自己获益就是在为公共福利做好事的自得规则增加了一种例外情况,这一例外完全破坏了追逐个人利润与公共利益之间的和谐局面。凯恩斯指出,资本产生回报不是因为资本的生产性而是因为资本的缺稀性时,为利润进行辩解的复杂的形而上学理论结构便遭到破坏。更糟糕的是,将储蓄视为失业的根源则是对将不平等收入视为积累之来源的致命一击。《通论》让人如此难以接受的原因并不是《通论》的学术内容(全书的冷静基调让人容易掌握其学术内容),而是《通论》振聋发聩的意义。比将私人恶德看成公共福祉更糟糕的是,新的学说似乎对原有主张破坏力更大,即他认为,私人(勤俭持家的)美德就是公共恶德。我们现在已经明白了这一理论路径,在任何情况下,人们一旦希望维持充分就业,从公众的观点看,储蓄就比支出更为可取。储蓄唯一的缺点出现在投资无法利用储蓄的时候。但同时,凯恩斯似乎也认可并支持一种"放纵堕落的体系",这一体系比亚当·斯密眼中曼德维尔的"放纵堕落的体系"更令人生厌。当然,与曼德维尔一样,凯恩斯也是个令人生畏的捉弄人的高手,不喜欢给他的酸药丸裹上一层糖衣。越烦人的事他做得越欢实。由于《通论》让人不再相信自动调节机制可以使相互冲突的利益转为一个和谐的整体,因此《通论》揭示出新古典经济学力图掩饰的选择和评判问题。这种意识形态终结了诸种已经瓦解的意识形态。经济学再次成了政治经济学。

第三,凯恩斯在经济学理论中恢复了时间这一概念。他唤醒了这个遭

"均衡"和"完全预测"诅咒而被长期遗忘的沉睡公主,把她带进了当下这个世界。这种做法使经济学向前迈进了一大步,离开了神学而迈向科学。现在,经济学不再需要用一种我们预先知道的形式构建的假说,这些假说不能成立。与人类实际生活于其中,且无法知道未来或取消过去的世界相关联的假说,至少在原则上要存在确立一种可检验形式的可能性。

选自[英]琼·罗宾逊:《经济哲学》,安佳译,商务印书馆 2011 年版,第 26、47~67、73~86 页。

6. 斯蒂格利茨①

不平等与宏观经济政策

市场失灵

很显然,市场并没有像它们的鼓吹者宣称的那样有效运行。市场本应该是稳定的,但席卷全球的金融危机表明市场可以变得极其不稳定并产生破坏性后果。银行家们不惜冒险,如果不是政府援助的话,这些冒险会将他们自身和整个经济卷入旋涡。不过,当我们仔细审视经济体制时,就会发现这并非偶然:银行家们是受到激励才这样冒险的。市场的优点本应是它的效率,然而现在的市场显然不是有效率的。经济学最基本的法则是需求等于供给,这是经济有效运行的必要条件。但我们所处的这个世界存在着大量未满足的需求,比如,使穷人摆脱贫困所需的投资、促进非洲和其他大洲欠发达国家发展所需的投资、改进全球经济以应对全球变暖挑战所需的投资。同时,我们又有大量未充分利用的资源——闲置或者产能没有达到最

---

① 约瑟夫·斯蒂格利茨(Joseph E. Stiglitz,1943—),美国经济学家,美国哥伦比亚大学校级教授,哥伦比亚大学政策对话倡议组织(Initiative for Policy Dialogue)主席,兼任英国曼彻斯特大学布鲁克斯世界贫困研究所(BWPI)主席,2001年获得诺贝尔经济学奖,2007年获得诺贝尔和平奖,1993年至1997年,任美国总统经济顾问委员会成员及主席,1997年至1999年,任世界银行资深副总裁与首席经济学家,2011年至2014年,任国际经济学协会主席;代表作有《公共经济学讲义》(1980)、《商品价格稳定理论》(1981)、《不平等的代价》(2012)等。

大化的工人和机器。失业，尤其是市场不能为众多公民创造工作的结构性失业是最严重的市场失灵，是无效率的最大根源，也是不平等的一个主要原因。

……

即便本身是稳定和有效率的，市场也经常会造成高度的不平等及不公平的感觉。现代心理学和经济学的研究揭示了个体对于公平的重视。造成人们走上街头抗议的原因正是对经济体制和政治体制的不公平感，而不是其他什么东西。在突尼斯、埃及和中东的其他国家，游行示威的爆发并不仅仅因为工作难找，更是因为有限的工作机会都给了有政治背景的人。在美国和欧洲，情况似乎更公平些，但也仅限于表面。那些以最优成绩毕业于最好学校的人就有更好的就业机会。这种制度的弊端在于，富有的家长可以把自己的孩子送进最好的幼儿园、小学和中学，于是这些学生日后就有更大的机会进入精英大学。美国价值观中关于公平的一个根深蒂固的方面就是机遇。美国一直视自己为一个机遇平等的国度。霍瑞修·爱尔杰（Horatio Alger）的小说描写从社会底层打拼到上层的成功人士，这正是"美国梦"的一部分。然而正如我们此前解释的，视这个国家为充满机遇的"美国梦"越来越蜕变成由轶事和故事所强化而不是由数据所支持的一个梦想、一个神话。现在美国人从底层奋斗到上层的机会少于其他发达工业国家的人们。

……

虽然此书关注的是平等与公平，但另一种基本价值观似乎也受到了我们体制的冲击——公平竞争感。一种基本价值观念的存在本应使那些违背该价值观的人有罪恶感，比如那些从事掠夺性贷款的家伙、那些把有如定时炸弹的抵押贷款放给穷人的家伙、那些设计了各种"计划"造成几十亿美元透支从而收取过高手续费的家伙。然而令人诧异的是，有罪恶感的人微乎其微，有揭发行为的人更是微乎其微。我们的价值观念出了某种问题，于是不择手段来实现挣更多钱这一目的，在美国的次贷危机中表现为剥削我们中最穷和受教育程度最低的人群。对于所发生的这一切，大部分只能用四个字来描述——"道德缺失"。在金融界和其他领域工作的很多人的道德指南出了问题。当一个社会的规范以很多人丧失道德指南的方式发生变化时,这足以说明该社会出了大问题。

……

本书的核心论点之一:尽管也许有潜在的经济力量在起作用,但是政治塑造了市场,并且是以社会其他人利益为代价、以有利于社会下层群体的方式塑造了市场。任何一个经济体制都必须有规则和规章,必须在一个法律框架中运行。有很多种不同的法律框架,每一种框架对于增长、效率、稳定以及分配都有重要影响。经济精英们推出了一种有利于他们自己却无益于他人的法律框架,但是在这种框架下的经济体制既无效率也不公平。批判收入再分配的人有时会说再分配的成本过高。他们声称抑制因素过多,穷人和中间层人士的所得远不能弥补上层人士的所失。右翼人士经常争论道,我们本可以有更多的平等,但必须以经济增长放慢和国内生产总值降低为代价。正如我将显示的,实际情况恰恰相反:我们的现有体制一直不断地把财富从社会底层和中层转移到上层,但这种体制效率太低,以至于上层的所得远远少于中层和底层的所失。实际上,我们为日益加剧和超大规模的不平等付出了高昂代价:不仅是增长放慢和国内生产总值降低,甚至还有更多的不稳定。这还不包括我们付出的其他代价:被削弱了的民主制度,降低了的公平和正义感,甚至还有我先前提到的对民族认同感的质疑。

美国不平等的事实与代价

关于美国经济的某些严酷和令人不舒服的事实:①最近的美国收入增长主要出现在收入分配中顶层的1%群体。②因此就出现了日益加剧的不平等。③并且中底层群体今天的处境比21世纪初实际上是更差了。④财富的不平等甚至大于收入的不平等。⑤不平等不仅体现在收入上,还体现在其他反映生活标准的变量上,比如不安全和健康。⑥社会底层群体的生活尤为艰难——经济衰退使之雪上加霜。⑦中产阶级被挖空了。⑧收入流动

性小——把美国视为充满机会的国度的想法是一个神话。⑨美国的不平等
多于任何其他发达的工业化国家,在纠正不平等方面也比其他国家做得少,
于是不平等比其他许多国家都增长得多。美国正在为越来越重创我经济
的不平等付出高昂代价——降低了的生产率、降低了的效率、降低了的增长
以及更多的不稳定,因此减少这种不平等所带来的收益(至少就目前这种高
度不平等而言)要远远超出可能产生的任何成本:我们指出了不平等的逆向
效应产生影响的多重渠道。最起码的,更高的不平等是与更低的经济增长
(当其他一切因素都被控制了)相关的,这一点通过看一系列国家以及向更
长远一些看就可以得到证实。……在 1% 上层群体对我们社会造成的所有
代价中,最严重的也许是:我们的认同感遭到了侵蚀,包括公平竞争、机会平
等、亲如一家的感觉。……除了认同感的丧失,除了对我们经济的削弱,美
国的不平等的另一种代价是:我们的民主制度陷入了危险境地。

市场、政府与政策

在政治中,感知至关重要。每一派的虔诚理论家都会优先选择有利于
己方的例子并从中得出宽泛的概括。就像我们之前提出的,多数人都只察
觉或记得那些与他们的初始信念相一致的证据。这一点在有关意识形态的
问题上尤其如此,例如政府的角色——尤其是在处理不平等的时候。这一
点本身也许就是美国社会中高度不平等现象的一种折射。那 1% 的上层群
体为了赢得这场思想之争投入了大量金钱。鉴于此,要想以一种平衡的方
式来权衡各种考虑就变得难上加难了。在本章中,我提出了应以一种微妙
而平衡的方式来看待市场和政府各自应发挥的作用。我们不能通过只考虑
成功概率或者恐怖故事来决定某种特定的医疗介入是好还是坏;相反,我们
应该通过认真了解在哪些条件下这种医疗介入更有可能成功或失败——不
采取任何干预的风险是什么? 干预的局限有哪些? 同样的谨慎也应该应用
到我们所讨论的“大思想”,以及更为具体的政策干预上。有权有势的人试
图以一种有益于他们利益的方式来框定这些争论,因为他们知道,在一个民

主国家里,他们不能简单地把自己的规则强加给别人。他们不得不以这样或那样的方式来"拉拢"社会各界人士以推进他们自己的议程。但在这里仍然是有钱人占优势。感知和信念都是具有延伸性的、都是可以被塑造的。本章揭示了有钱人具备大量的工具、资源和激励来塑造对其利益有利的信念。尽管他们不能次次赢,但这的确远非一种势均力敌的斗争。

……

宏观经济模型对于不平等以及分配政策的后果关注太少。基于这些有缺陷的模型的政策既帮助创造了经济危机,同时在处理危机时也证明是不起作用的。这些政策甚至还造成了即使经济复苏也不会产生就业的困局。对本书的写作目的而言,最重要的是宏观经济政策造成了美国和其他地区的高度不平等。尽管这些政策的倡导者声称它们是对所有人都是最好的政策,但实际情况并非如此。根本就不存在唯一的最好的政策。正如我在本书中强调的,任何政策都有分配效应,因此在债券持有人和债务人的利益之间、青年人和老年人的利益之间、金融部门和其他部门的利益之间以及其他种种利益之间都存在着权衡取舍。然而我也强调过,还有其他可替代政策能更好地改进整体经济表现——尤其当我们判断经济表现的依据是看对大多数公民的福利有何影响。然而如果想让这些可替代政策得到实施的话,制定决策所需的那些制度安排也必须改变。我们不能让货币体系由那些思维已被银行家俘获的人掌控,也不能让货币体系只是为了上层群体的利益有效运行。

选自[美]约瑟夫·E.斯蒂格利茨:《不平等的代价》,张子源译,机械工业出版社 2013 年版,前言、第 22、104、165、236~237 页。

7. 米德[①]

用经济政策通往大同世界

基本经济目标

基本经济目标有三个:第一,公民在市场中选择自己的职业、自己的需要和满足需要的方式(自由 Liberty);第二,避免造成不可忍受的贫富悬殊(平等 Equality);第三,用可供利用的资源实现尽可能高的平均生活标准(效率 Efficiency)。三个基本经济目标之间的冲突是不可避免的。有待回答的一个问题是,本书关于一组理想经济政策和制度的研究是否有实践意义?或者这全部努力只不过是把时间浪费于构造一个永远不可能实现的梦幻世界吗? 与许多乌托邦思想不同,阿加索托邦承认,在我们生活其中的这个现实世界上,我们永远不可能建立一个完美的社会,我们的追求必须限于选择自由、分配平等和提高生活标准这三者之间的一个可以实现的妥协。毫无限制地追求个人自由、实际收入的严格平等和技术上最高的生活标准才纯粹是浪费时间。本书提出的建议仅仅宣称,在个人公民在市场中自私地追

---

① J. E. 米德(J. E. Mead,1907—1995),英国经济学家,主要从事国际贸易与支付方面的工作,并获得 1977 年诺贝尔经济学奖,1957 年以来他一直在剑桥大学担任政治经济学教授,并作为克里斯特学院高级研究员最终在那里退休。他的研究领域包括经济增长、财政政策、收入与财富的分配,以及工资和价格的控制等。

求自己和亲朋的最大利益的现实世界中,设法找到自由、平等和效率之间的一个可以接受的妥协。

价格机制的双重功能

一种商品(或生产要素)的价格既是这种商品(或生产要素)用途的一个决定因素,又是这种商品(或生产要素)所有者出售它所得实际收入的一个决定因素。我们把它们分别称作价格的"效率"效应和"分配"效应。正如众多职业经济学家所知的那样,一个竞争的市场或一个计划权威恰当利用的相对价格能够有助于把经济体系引向资源的"有效"利用。也就是说,资源利用将达到帕累托最优或有效状态,即无法改变这一状态使某位公民的状况变得更好,同时又不使任何他人的状况变得更糟。这是因为,如果对相对稀少的资源收取高价,对相对丰富的资源收取低价,那么资源使用者就总是努力以"有效的"方式满足他们的需要,即相对来说使用较少的稀少资源和较多的丰富的资源;而且,无论使用者是购买在生产过程中所使用的生产材料和其他生产要素的企业家,还是购买消费品和服务的家庭主妇,这一点都正确。

……

不过,这样一个"有效的"体系兴许造成一个十分令人失望的财富分配状况。设想公民 A 仅仅拥有一种低价生产要素(比如他自己的简单劳动),但为了他的家庭福利,他需要的是高价商品;公民 B 幸运地拥有一种高价生产要素(比如稀少的自然资源),但为了他的家庭,他需要的商品价格十分低,那么相比来说,A 将十分贫穷。有很多这类两难情况。一个很好的例子是初级产品的国家市场。常常发生的事情是,从全世界资源有效利用的角度看,一种丰富的初级产品的价格应该低一些,但这种初级产品的生产者兴许是世界上最贫穷的人。在"国际商品政策"一文中,我试图设计一种政策,把初级产品价格的"效率"效应与其"收入分配"效应分开。本文详细讨论另一种更为基本的价格的"效率"效应和"分配"效应之间的冲突。我将要讨论的价格是劳动服务的价格,即工资率,工资水平的高低也有重要的"效率"效应和"分配"效应。我主要关心的政策和制度改革是那些影响财产所有权的政策和制度改革。此类改革在近期被经济学家和政治家忽视了,我的目的就是要说明,在长期内,影响财产所有权的政策和制度改革兴许是把实际工资率高低的"效率"效应和"分配"效应协调一致的基本手段。

收入再分配的方法

二战后,英国试图控制工资率或通过解除工资谈判中垄断方法的合法性来使报酬率变得更加具有弹性。这一历史表明,作为一个收入分配工具,报酬率的重要性是不可能被低估的,除非我们能够找到其他办法来保证公平和进行可以接受的收入分配。影响收入分配的任何其他办法都必然意味着,个人以不同方式和不同程度收到与其劳动报酬无关的收入。这是因为,要降低他们的报酬在收入分配中的重要性,那么直接与工作报酬密切联系着的数额必须大幅度减少,而不直接与工作报酬联系着的收入额必须大量增加。然而如果工作报酬与收入脱离太远,就会对工作积极性造成灾难性影响。如果不按完成的工作数量和质量支付报酬,那么工作的商业积极性就会完全消失。在报酬率变动的分配和效率之间的冲突中,这一点十分重要。显然,使收入分配方面脱离报酬率的任何政策都绝不能走得太远。由此引起的一个问题是,在这个方向上我们能够走多远,既能显著降低分配,同时又不会对工资积极性产生巨大不利影响? 一项使收入分配脱离工资决定制度的任何政策在多大程度上降低工作积极性,不仅取决于此类政策发明在多大规模上得到实施,还取决于此类政策的形式。的确,正如我们将要论述的那样,我们有可能设计出一种报酬体系,在放弃同工同酬的平均主义分配原则时,又能提高工作积极性,并改善总体上劳动报酬的均等程度。

……

存在着两类收入再分配政策,采取"非劳动"财产收入的再分配。第一类(可以称作财产民主所有制方法)通过使私人财富所有权更加分散,从而使财产收入更加分散。此类收入独立于财产所有者的劳动收入,从而降低了劳动收入的相对重要性。第二类(可以称作财产社会所有制)通过把可观比例的私人财产变成国有财产,间接地产生类似效果。此类财产收入可以采用向普通公民提供与个人劳动收入完全无关的社会福利的形式进行分配。这两种方法都只不过把工作积极性受到的不利影响重新分布罢了。那些因再分配而持有更少财富的人工作积极性提高,而那些因为收到更多"非劳动"收入的人的工作积极性下降。当然,也有可能工作积极性降低的人多于工作积极性提高的人。不过,可以肯定的是,一部分人的工作积极性的降低会被抵消一些。

阿加索托邦的制度启示

阿加索托邦岛屿(一个适宜居住的好地方)的居民声称,他们已经建立了一种经济,其结合了社会主义和资本主义的最好特征。从中我们能学到什么? 在任何有竞争的地方,自由社会为获得有效的生产体系,自由价格机制的市场方式都优于中央计划和控制。但是私人竞争并不一定意味着资本主义公司(即资本所有者)以约定的工资雇用工人,或许包含利润分享,资本所有者可能直接经营公司或指定经理人来经营。另一种制度形式是劳动者管理其自己拥有的合作社,即工人雇用资本并经营企业。对此阿加索托邦人已经建立了一种制度安排——劳资合伙制,即工人和风险资本的提供者作为合伙人联合管理企业。在这种合伙制中,资本家不采用固定工资雇用劳动者,工人也不采用固定的利息雇用资本。双方组成合伙人,联合控制企业。在典型的阿加索托邦合伙制中,工人合伙人和资本家合伙人各占企业董事会成员的一半,并指定合适的中立外部人员作为独立主席。董事会接着任命总经理和其他高级管理者,为股东的共同利益自由运营企业,不管他们持有劳动股还是资本股。在这个安排下,没有劳动剥削,因为资本家并非在固定工资合同下雇用工人。因此,社会主义者对古典的资本家——工人关系的抵触在这种制度下并不存在。对阿加索托邦制度的研究表明,存在多种不同形式的制度和政策可能性,包括不同形式的私人企业、社会福利、资本税、所得税、消费税、污染费、财富所有权及对国家资产的管理等。不可能所有的欧洲国家都选择完全相同的一套制度。这为未来的思考留下了巨大的研究余地。

……

阿加索托邦人创造的制度很大程度上依赖于竞争市场中以自我为中心的企业行为,但是与此同时,又非常重视协调个体最大化创造产出的过程,以及社会慈善,否则一些人可能就会被社会所淘汰。典型的阿加索托邦人行为中表现出了更加合作和慈悲的态度,这强过现今的英国人。非常令人遗憾,我们已经这么多年受制于"末位淘汰制"和"快速而大量赚钱"的社会制度了。阿加索托邦的社会机构与社会态度之间有良好的反馈机制。如果这种解释确有其事,那就意味着:在一开始,我们很难从阿加索托邦的制度中得到好处,直到公共机构与人民意愿之间建立了良好的反馈渠道,这个制度才能有效运行。

……

所有向阿加索托邦其他制度的过渡都可以逐渐进行。劳资合伙制企业制度可以在企业层面上逐渐发展。所得税改革和财富转移可以逐步引入,这样做是为了扩大财产所有权的范围。社会分红可以从中等规模开始,所需的资金可以通过废除当前所得税制度里的个人免税额、减少其他的社会救济,以及适当地向其他收入的第一梯度征收额外的所得税来筹集。如果这个过程能够慢慢进行,我们就可以期望不受限制地最终实现阿加索托邦的社会制度。

选自[美]J. E. 米德:《自由、公平和效率》,崔之元、王文玉译,东方出版社 2013 年版,第 102~103、165、156~157 页。

四

市场社会主义

1. 伊藤诚①

社会主义市场经济与日本

幻想相继破灭的时代

在被称为资本主义黄金时代的高速增长时期,一般认为资本主义形成了依靠凯恩斯主义可以永久实现充分就业的经济体制。然而以 1973 年为分水岭,这一想法被无情的现实所粉碎。从 20 世纪 80 年代开始,新自由主义取代凯恩斯主义成为西方各主要国家经济政策的基本指导思想。新自由主义宣称依靠竞争性的自由市场原理可以重新实现经济活动的效率和公正。具体地说,新自由主义重视以下方针:通过国有企业的民营化、各种管制的放松和废除、贸易和资本流动的自由化等政策措施,缩小国家的经济调控职能,而且相应地削弱工会的力量。新自由主义被视为与高度信息技术所导致的资本主义企业重组及与之相伴的资本主义经济全球化相适应的政策方针。这只不过是把以自由竞争市场经济为基础的资本主义经济过程看作自然的秩序这种近代以后资本主义基本意识形态在当代的发展形式而已。其理论基础为新古典微观经济学。

---

① 伊藤诚(Makoto Itoh,1936—),日本马克思主义经济学家,能够用英文发表大量学术作品的少数日本经济学者之一;代表作有《资本主义基本理论》(1987)、《世界经济危机与日本资本主义》(1990)、《社会主义的政治经济学》(1995)等。

......

在此特别想强调贯穿于本书的以下观点：正如马克思所洞察的那样，从人类发展史来看，市场经济本来是作为共同体与共同体之间这种社会外部的交换关系而产生的。近代以后，随着共同体社会的瓦解和劳动力商品化，才形成了全面的资本主义市场经济社会，市场经济才成为社会内部的制度安排。在此，资本主义为了追求基于社会生活中外来的市场原理的私利，具有（与古代商人与其他共同体成员接触、交易时相似的）常常不惜利用欺骗、违法粉饰、歧视、暴力、武力来对人与自然进行（超过中世纪以前的商品经济程度这种全面的）掠夺并使之衰败和荒废的内在趋势。新自由主义在强调原理效率性的同时，其结果难道不是使资本主义市场经济中这种内在的趋势再次得到强化吗？

......

与以前的社会形态不同，在资本主义世界经济中心所形成的资本主义社会，将无政府式的市场经济的组织形式作为社会内部经济生活的基本秩序，根据同质性原理利用自身内部的社会经济秩序来发展世界市场上的交换关系，表现出对外实行开放性自由通商的趋势。与此同时，市场经济所遵循的是社会内部的政治权力和共同体管制所难以限制的无政府式的自由、平等的交换关系原则，所以作为市场经济社会的近代资本主义，将人们从中世纪的人身支配和共同体管制中解放出来，孕育了公正地实现每个人的自由、平等的人权和靠劳动形成的私有财产权这种市民社会的理念。自由竞争的市场经济即使是作为世界体系的基本原则，在国内也应该实现将高效、和谐的经济生活作为自然秩序。这种从古典经济学到新古典学派的有关自由主义的主张，就作为贯穿整个资本主义发展演变过程的基本意识形态而产生。可以说，当代的新自由主义也具有在全球化中对这种基本意识形态回归和继承的强烈色彩。

......

资本主义世界体系和资本主义社会的形成并没有消除一切政治权力和

各种共同体性人际关系的作用。在资本主义产生的早期,在打破封建的人身支配和地方分权的强力绝对王权的条件下,近代民族国家形成的重商主义发挥了强化保护商人资本活动的基础、夺取农民土地以创造出大量无产的雇佣工人这种作用。以自由、平等、人权为理念的市民革命更直接导致了打破这种重商主义阶段前期的绝对王权专制的变革。但是这种变革难道不是也因英国对印度等地的殖民统治和非洲狩奴等暴力豪夺而短时间就停止了吗?……我们必须认识到,在与当代资本主义中的新自由主义条件下出现的过度企业中心主义相关的各种各样社会经济的病态变异性的背后,存在着将市场经济中的私利追求转化为社会制度的基本原理这种资本主义本身所内生的问题。尤其是新自由主义主张削弱工会力量,强调生活上给予竞争性市场原则的个人责任,从而导致了广大工薪阶层就业的不稳定及其医疗费、教育费、年老后的生活负担等困难和担心的加重。这种状况使我们重新深刻地领教到作为资本主义市场经济的阶级社会的基本运行原理。在这种正在扩大的幻想破灭中如何才能去重建希望的理论呢?在出现社会民主主义的新挑战的同时,全球也需要且必须推进以马克思经济学为基础的社会主义思想理论新发展。

新自由主义

从撒切尔主义以来的当代新自由主义明显具有意识形态性。这种意识形态就是与社会主义和工人运动斗争,通过增加失业来谋求有利于资本主义企业的劳动条件和雇佣的灵活多样化及其成本降低。同时,由于以企业为中心的赌博资本主义的投机利益的自由化,使不注重劳动收入而注重投机利益和将政治、行政权力作为牟取个人利益的手段,这种社会道德观念沦丧的问题非常严重。这不禁令人重新想起马克思所说的命题:"有些东西本身并不是商品,例如良心、名誉等等。但是也可以被它们的所有者出卖,并通过它们的价格,取得商品形式。"

　　……

这样从当代日本经济所出现的状况来看,我们必须注意到:与通常的凯恩斯主义教义不同,重要的反而是公共支出的内容,而日本公共支出的内容迄今为止并不能缓解和消除劳动大众在经济生活上的不安和恐惧。广泛涉及生育、抚养、教育、医疗、老龄者照顾的个人负担问题在追加公共支出时被忽视,这些个人负担反而随着财政危机的加深而增大了。这种劳动大众的生活不安、少子化、财政危机的加深、对生育和养老金及医疗的个人负担增加、增税以及社会保障费的提高就形成了另一个重要的恶性循环,从而抑制了日本经济的活力。小泉的结构改革就是要以信奉竞争性市场原理主义的新自由主义为指导思想,通过邮政和道路公团的民营化、国立大学的独立法人化等来解决国家财政的危机。但是要想打破日本经济中的上述几个重大恶性循环和实现大多数劳动大众的经济生活的安定,只能根据宪法第 52 条精神去灵活解决。现在却反而是朝着以下相反方向在推进改革。

社会主义市场经济

总之,不能把市场经济从古代以来的广泛历史性同近代以后资本主义市场经济的特殊历史性看成是同样的。从市场经济的广泛历史性来看,不能说生产资料的私有制是市场经济产生和发展所不可或缺的前提。马克思在对商品、货币、资本等构成市场经济流通形态的理论范畴进行一般分析时,并未涉及资本主义的生产关系。宇野弘藏也强调了其意义,认为商品、货币、资本等诸范畴并不涉及社会劳动实体而将这些归纳为纯粹的流通论。在这里包含着市场经济的基本结构具有比资本主义更古老广泛的历史性这种理论性认识。可以说这种认识为社会主义市场经济的理论和实践提供了重要的基础之一,即认为在以生产资料公有制为主的前提下通过吸收市场经济的调节作用和激励机制能够建成社会主义市场经济。佗美光彦也批判过,在非历史性和自然主义的古典学派经济学和新古典学派经济学那里把资本主义经济等同于市场经济,对两者的历史性差异和联系在理论上并未能够说明,而基于这种对市场经济的狭隘理解就去僵化地否定中国社会主义市场经济实践的意义和可能性，从而做出市场经济化与公有制相矛盾、中国只能走向社会主义自我崩溃的论断。可以说这一论断暴露出新古典学派经济学理论的局限性，而这一局限性受制于把资本主义市场经济看作最终经济秩序并加以绝对化这种意识形态的束缚。

……

以市场经济的扩大为基础，以自由、平等、人权、博爱为理念，资本主义形成了近代市民社会。但是这种社会是把土地和主要生产资料的私有财产权作为一种根本人权、把劳动力商品化、把劳动大众的剩余劳动作为剩余价值源泉的阶级社会，而以在其全面发展的过程中，不断强化对工作岗位上的劳动者的压迫、经济生活的不稳定及其差距的拉大、人与自然之间的异化和自然的荒芜。在当代，资本主义全球化再次强化了市场竞争原理，使得解决世界及各国内部出现的经济差距的扩大、经济生活的不稳定性、失业、贫困、环境等问题越来越困难。因此，在21世纪，资本主义经济本身所固有的历史局限性与新自由主义的问题一起被重新提了出来。对超越资本主义的社会主义的思想、理论和实践的可能性再次受到世界性的关注。

……

21世纪的中国取得了改革开放政策所带来的经济增长的成就。在当今全球化世界状况下，中国面临着为了劳动人民的未来而必须明确其建设有中国特色社会主义意义的重要课题。本来，资本主义经济是以个人主义为基础、以生产资料私有制和劳动力商品化为前提的，具有按市场原理会自然而然地形成无政府性自发的秩序的一面。对于力求克服这些的社会主义来说，仅仅确保生产资料的公有制并不能自然而然地形成自由人的共同社会。作为社会主人公，劳动大众的主体性合作、对社会目标的自觉性努力、把这些培育起来的合作组织、政治决策的过程不断在各个层面和社会生活各个侧面活跃起来，为此他们也重视终身学习，并将活力倾注于经济生活和企业成长过程中。这些都是必要的。中国有必要在经济建设的过程中对农户、企业经营组织和责任体制的结构进行反复探讨研究，不断提出各种各样的创造性构思,对多种经营主体的运作方式和结构的社会主义意义要不断加以反复研究,使内容更加明确。特别是,社会主义本来就有这样的理念:克服资本主义市场经济带来的经济生活的不稳定和贫困,超越契约形式上的平等而实现实质上的平等,确保个人活动自由的社会基础。"共同富裕"的说法大概也可以被看作是这种理念的中国式表达。

选自[日]伊藤诚:《幻想破灭的资本主义》,孙仲涛、宋颖、韩玲译,社会科学文献出版社 2008 年版,第 1~4、12、42、46、55 页。

2. 皮尔森①

超越传统市场与社会主义

社会主义和市场

　　当人类的第三个千禧年到来之际，资本主义看来在全球范围内赢得了胜利。而似乎作为插曲的社会主义，如果我们干脆将其大约划在 1789 年和 1989 年这 200 年之间，看来悄无声息地走到了尽头。共产主义，这种曾经主宰了地球上三分之一人口的社会制度，现在也是力量耗尽。这种判断很容易找到自己的理由，而证明这种判断的变化也确实比比皆是。但是不论如何，我们仍然可以反驳说，这样的描述是一幅非常片面、视觉单一的图画。从斯德哥尔摩或从索韦托（南非东北部城镇——译者注）或从上海等地分别进行观察，资本主义看来具有完全不同的形式。同时，资本主义不仅是在形式上有所区别，而且它在不同政治体制下对市场结果的制约形式和对私人所有权的限制等方面也有很大的差异。将资本主义等同于市场，将社会主义等同于集权计划，人们从目前的组织变化情况中很容易得出这样的结论。这种区分很有诱惑力，且初看起来也令人信服，但我们认为这种区分难以成

_____

　　①　克里斯托弗·皮尔森（Christopher Pierson, 1921—1994），英国经济学家，诺丁汉大学政治学系教授，主要研究福利国家和社会主义运动的理论；代表作有《马克思主义理论和民主政治》（1986）、《超越福利国家》（1991）、《同安托尼·吉登斯的谈话：理解现代性》（1998）等。

立。尽管社会主义的定义并不明晰，但很显然，人们不能把它等同于一种特殊形式的集权经济组织。资本主义也不是简单地意味着市场统治。的确，虽然市场和准市场越来越普遍建立起来，但是它们决不会成为唯一的配置资源形式，它们仍像以往那样被广泛积极地调整。卡尔·波兰尼做出的如下结论是颇有道理的：谁创造了市场，谁也同时创造了试图取消市场后果的力量。

……

其实市场社会主义理论的核心原则很容易阐明。最简单地说，市场社会主义是把经济的社会所有制原则与继续通过市场机制配置商品（包括劳动）的做法结合起来的一种好社会制度。对于市场社会主义者来说，内含着私人资本之社会和经济权力的资本主义市场而不是市场本身是人们不能接受的。它们提供了一种把市场和各种形式的资本社会所有制结合起来的替代模式。对于这些倡导者来说，市场不仅是社会主义取得更大经济效率的手段，而且也是达到更大程度的个人自由或自由的平等价值、发展民主以及提高社会公正的途径。南斯拉夫模式理论提供了解决社会所有制问题的一种略微不同的方法。实质上，所有权在工人和国家之间分割：工人们被赋予资本的使用权，可以增值资本和调配资本。他们从中赢得收入。然而他们并不拥有它们，也不允许卖掉或抛弃它们。资本股票为社会集体所有，只是由某些特定的工人集体进行管理。

收入分配

罗默的论述促使我们认真考虑市场社会主义模式的一个更重要的方面——收入分配。社会主义者在反对资本主义的分配制度时至少特别提出了三个理由。第一，资本家获得的利润收入不是自己挣得的，而是（或）从真正的所有者——创造利润的工人那里剥削来的。第二，在资本主义社会，因为利润分配不当，收入分配的最终结果差异悬殊，令人无法接受。这违背了社会主义的分配公正原则，破坏了使社会利益真正普遍共有所必需的条件。

第三,收入只与(付酬)劳动相联系,而与人的需求无关。市场社会主义者部分接受了上述批判意见。一般地说,他们的立场源于塞卢奇所描述的"民主的社会主义的第一原则",即"(被雇用的)劳动是收入的唯一源泉"。大多数市场社会主义者都非常愿意接受那种源于市场上不断变化的劳动价值而不可避免地产生的收入差异。但在市场社会主义条件下,现存的收入差异会被大大减小。首先,大规模财富形成的资本私人所有制这一源泉已被废除。其次,至少在合作社内部,工资收入的份额将由所有工人民主决定。再次,由于废除了资本私人所有,这种工资差别反映的只是购买力的差别,而不是经济决策权力大小的差别。最后,在整个社会层次上的工资差异可以由国家进行干预,国家可以实行相应的工资政策,可以通过在市场之外提供非常重要的必需品和公共利益(例如医疗和教育)的措施作为补偿。

市场社会主义:一个自相矛盾的概念?

人们对第二部分所概述的模式提出的最基本、最简单的否定意见是:社会主义和市场是根本不能相互协调的。从传统上看,这种反对意见是社会主义的支持者和反对者们的共同立足点。这样,市场社会主义者就同时遭到来自两个方面的诘责:那些认为市场是与"真正的"社会主义不相容的有害制度的人,就将市场社会主义说成是"非社会主义的";而那些认为"真正的"市场与社会主义社会的前提无法协调的自由主义和新自由主义右翼,又将市场社会主义说成是"非真正的市场秩序"。两方面的批评都意味着:市场社会主义是"一个自相矛盾的概念"。

……

我们看到,市场社会主义者为了使自己免遭更为保守的左翼的攻击,他们声称自己所践行的是一种社会主义的纲领,因为他们强调要实行生产资料的社会所有制。的确,市场社会主义可以被概括地描述成为"社会所有制加市场",(如果有区别的话)正是这种承诺把他们同传统形式的社会民主主义区分开来,同时也为自己作为一种"激进的"替代方案提供了证据。相反,新自由主义者差不多一致认为,私人所有权,或用哈耶克偏爱的话说——"各自所有权",是一个自由、公正和正义的社会必不可少的核心制度……与此同时,新自由主义者对"社会所有制"作为一种介于私人所有制和国家所有制之间的第三种财产所有形式的真实存在深表怀疑。一些最强硬的新自由主义者认为,"社会所有制"的提法本身就是一种毫无意义的"掩饰"。之所以设计出这一概念,只是为了隐藏在现实生活中只能在私人所有制和国家所有制之间做出(唯一有效的)选择的这种客观情况。

社会公正和再分配

最后,由于市场社会主义者仍然致力于某种形式的"社会公正"和某种财富再分配措施,因而新自由主义者对此也提出了一些反对意见。我们在本书第四章已经看到,出于个人自由和经济效率方面的考虑,大多数市场社会主义者容忍某种程度的不平等的存在,但他们也相信,国家对资源和机会的再分配实行某种程度的干预,也由于对社会公正的追求而具有正当理由。对市场社会主义的这种批评是哈耶克谴责社会主义的核心观点。他争论说:"在自由人社会中,社会公正的概念从严格意义上说是空泛的和毫无意义的。"因为在这样的自由社会中,"没有任何人的意志能够决定不同的人的相应收入,或妨碍他们部分地依赖偶然事件"。普遍市场秩序的规则和程序是、而且也应该是公平的,但是特殊的市场交易结果及其可能产生的分配方式是不具道德内容的。尽管国家提高税收有其合理的目的,但它们不包括通过从一些公民到另一些公民的强制性资产再分配来促进平等(或任何其他分配方案)。同样,格雷也认为,再分配没有什么合理的道德基础。分配原则经常涉及一些个人或团体与另一些个人或团体之间的关系。"每种分配主义形式的错误在于其固定在没有道理的地位的关系性质上。"政治道德——个人福利——的唯一真正前提是要求我们满足所有公民(可满足)的基本需求,而不是去关注收入的相应分配。依格雷看来,这可能会合理地说明极为广泛的国家行为(例如,加强有能力的福利国家和资助格局),但无力解释那种实行政府干预以支持某种特殊的商品和资源分配模式的做法。

劳动管理的政治经济

我们已经看到,市场社会主义的倡导者在许多方面看来最为显著的地方,就是希望保留市场经济的许多配置手段功用,同时将这种经济同经常与其联系在一起的私有资本的统治分离开来。在许多市场社会主义者看来（虽然远不是全部）,生产者合作社或劳动管理型经济是必不可少的经济组织形式,采取这种组织形式,能够使社会主义远离庞大的国家,并可以同被重新确立的市场经济的规则连接起来。从单个企业层面来看,生产者合作社由其内部工人自我管理,这些工人已不再是雇员,而是成为"企业的成员"。这种组织形式被认为是能够将市场的许多优点,诸如效率、革新、消费者选择、分权、多元主义等,同那种与私人资本的统治剥削权力分离开来的财产制度结合起来。从宏观经济层次上来看,劳动管理型经济在没有私人资本统治监护的条件下,能够保证市场的效率和分权。

市场社会主义与民主

或许是这个事实,即多数市场社会主义的倡导者具有经济学而不是政治科学的背景,能够解释为什么那种将市场社会主义当作一种民主化形式的主张相对来说受到了忽视。这是令人颇感遗憾的事情,因为,正如我们所看到的那样,如果将市场社会主义原则同当代其他倡导民主的观点结合起来,那么我们很有可能确立一种可行的市场社会主义,使其成为民主化的首要发起者。我们在本章的开端,就确认了关于市场社会主义条件下民主设计的三种核心主张——扩大参与、控制私人资本权力和淡化奉行干预主义的国家,其中每一项都不是能够简单明了地加以确定的。无疑,工厂参与可能受到限制,资本中性化难以设想。控制国家权力也是很有限度的。但不论如何,市场社会主义作为一种混合民主体制,将那些经过改变了的自由民主因素与合理的工厂自我管理结合起来,它至少在原则上承诺了在国家和经济双重领域提高民主的可能性。我们确实可以这样认为,市场社会主义作为一种民主化的政治理论,要比作为一种社会化的经济理论具有更加坚实的基础。但是如果我们不考虑更为复杂的转型政治问题的话,上述每种情况都不能更多地代表一种进步。

　　选自[英]克里斯托弗·皮尔森:《新市场社会主义》,姜辉译,东方出版社 1999 年版,第 1~4、102~104、111、160~166、238 页。

3. 科尔奈[①]

短缺、体制与转型

对社会主义一词的解释

"社会主义"这一提法所引发的思考可以在两个方向上加以延伸：一个是社会主义传达着某种思想；另外一个是让人想起某种已有的社会存在。第一个方向涉及"社会主义"所传达的思想，其范围很广而且各有不同，因此本书不打算对此进行深入探讨。对于真实的历史存在，前文已经清楚地表明本书主要探讨的就是共产党执政的国家。

权力结构

理解社会主义体制的关键是要考察其权力结构，但许多关于比较经济体制的研究都忽略了这个问题。我的观点是：社会主义体制的主要特征均根源于社会主义的权力结构特征。官僚影响着社会生活的每个角落。在任何社会体制下，国家总要发挥一定的作用：通过立法限制某些活动，通过政

[①] 雅诺什·科尔奈(János Kornai，1928—)，匈牙利科学院通讯院士，经济学权威。他还曾任匈牙利科学院计算中心部主任，世界计量学会理事和会长，联合国发展计划委员会副主席，专注于对社会主义传统管理体制下的经济问题的研究；代表作有《经济管理中的过度集中》(1957)、《反均衡论》(1971)、《短缺经济学》(1980)等。

府规章干预社会生活,购买产品或者成为国有企业的所有者,等等。在其他社会体制下,还存在着国家无权干预或不愿涉入的一些"私人领域",但在社会主义体制下,国家与公民社会,以及国家事务与个人事务之间的界限却彻底消失。当然,官僚机构无法做到事无巨细,无所不管,但这只是因为在时间轴功能上它不具备这样的能力。就原则而言,没有什么事情它不可以管,或者说它不想管。这样,官僚体制的影响甚至扩展到了传统的私人领域,诸如文化、宗教、家庭生活、应该有几个孩子、邻里关系、业余生活、职业和工作选择……这里我还没有提及的是,在社会主义国家里,任何经济交易活动都是党和政府所"关心的事"。

在政治学理论中,已经有非常好的理论模型来描述选民、立法机构和官僚组织之间的关系,并由此推导出官僚组织的行为规律。根据这一模型,由于立法者关注的目标是能否再次当选,他们被激励去赢得投票人的信任。正因为存在这样的激励,立法者将向官僚机构发出相应的指示,并监督它们的执行情况。在这类模型中,官僚机构服从于立法者。但这一模型不能用来分析经典社会主义体制,因为模型的两个主要假设在此都不成立。①社会主义国家的立法机构与模型的假设截然相反,它完全独立于投票人;事实上,社会主义国家的"议员们"是由党委提名并指定的,立法机构由此变成官僚体制的自身组成部分之一。②出于同样原因,立法机构也无法独立于党的官僚组织,更不能监督或控制它;立法机构自己就是整个官僚体制的组成部分之一,而且在讨价还价过程中还处于劣势地位。这样一来,议会民主体制中防止官僚机构攫取并长期垄断权力(或将自己置于其他竞争力量之上)的制衡机制就无法发挥作用。由于没有独立法庭来审查法律、法规或政府行为是否违背了宪法和以前的法律,因而公民也就无法通过法院要求国家赔偿对他们造成的伤害,在整个国家里也就没有什么力量可以保护个人不受权力的侵犯。在前面部分我们曾提到,在经典体制下,权力也并非铁板一块,在它内部也存在不同派系和相互冲突。但就狭义层面而言,以及根据这里所提出的三个标准,我们完全可以说经典社会主义体制的权力结构是权力高度集中的统治。

意识形态

官方意识形态的拥护者怀有救世主般的信念,认为社会主义注定要拯救全人类。坚信社会主义体制比资本主义更优越是官方意识形态最重要的组成要素之一。这背后的主要假设是:社会主义生产关系比资本主义生产关系更有利于生产力的发展……在官方意识形态的价值体系中,权力不仅仅是实现其他重要目标的工具,权力本身就具有内在价值,是最终的善。当评价社会主义体制的表现时,必须将这一点牢记于心。在此之前我们就曾强调过,权力和官方意识形态就像身体和灵魂,两者须臾不可分离。是制度和组织建立了经典体制,还是思想鼓舞着制度和组织中的成员? 究竟谁在前,谁在后,就像是鸡生蛋还是蛋生鸡,其实不必费力深究。在整个过程中,无论是革命之前、过渡时期,还是经典体制的演化阶段,语言和思想都活生生地体现在人的行动之中。反过来说,人的行动以及体制的逐步发展都要求为自己提供合法性和正确解释,行动本身又不断对思想进行调整和修正,直到经典体制的官方意识形态发展成熟。一边是制度、组织和运动,另一边是计划、构想、信念、道德责任和价值,所有这些都捆在了一起,共同维持着经典体制。

计划与直接官僚控制

社会主义在历史上第一次让中央权力通过立法手段对社会的发展进行自上而下的人为干预:市场协调必须结束,或者最多只能扮演微不足道的角色,而取而代之的是集中式的官僚化协调。这种根本性的变革并不是自动自发的。这一变革来自中央权力,伴随着火与剑。随之而来的种种现象却具有了自动自发的特征,不再需要中央权力的明确指示:自律机制逐步萎缩,为集体自愿工作的热情日益消退,家庭和小区生活开始处于附属地位。还有一样东西也接踵而至:官僚机制的自我繁殖和极度扩张。这一自发趋势甚至远远超出了发动并指挥这场划时代变革的始作俑者的想象……讨论至此,我们就回到了本章开头所提到的问题,社会主义思想先驱者们关于计划的观点。他们希望通过计划手段为整个社会创造出一个稳定的秩序。但计划却与直接官僚控制走到了一起,官僚体制掌管了计划,这构成了一个非常奇特的组合:秩序与混乱,远见与短视,为广大人民的共同利益服务与不受限制的部门利益。马克思及其后继者认为计划将是一个非常简单的任务。事实证明那是一项极为复杂的工作。或许纸上的计划是可行的,但在实际过程中,计划却充满了摩擦、功能紊乱、效率低下、内部冲突层出不穷。

货币与价格

到现在为止,我们已经详细研究了价格信息在经典社会主义体制内所发挥的作用。换句话说,根本的差异并不在于价格信号只在资本主义体制内发挥作用,而在经典社会主义体制下则只有非价格信号才起作用。问题的关键是,这两种体制对价格信号和非价格信号所赋予的地位根本不同。在资本主义体制下,价格信号传递着最重要的有用信息;在经典社会主义体制下,非价格信号也发挥着这种作用。在很多方面,价格信号和非价格信号相互补充。但如果非价格信号取代了价格信号,就会出现一系列的问题。在存在私有产权和市场协调的情况下,价格信号会自动产生激励,而非价格信号只有通过间接方式才能产生激励。价格和成本很容易进行相互比较,但对于不同的非价格信号,人们很难直接进行相互比较。这样,非价格信号所传递信息的重要性完全取决于决策者的主观判断。总而言之,非价格信号也能够保证协调机制的运行,但它们却不能使整个体制和谐运转,或者说无法保证这个体制有效运行。

投资与增长

社会主义国家的领导人对快速增长赋予了很高的内在价值,甚至盲目迷恋高增长率所带来的总产出增长,为此可以不惜任何代价。作为一个客

观的观察者,我们不能接受这样一种短视的价值衡量标准。即使部分社会
主义国家取得了很高的经济增长(至少在一段时期内),以下问题依然无法
回避:为了实现这样的经济增长率,到底应该做出什么样的牺牲? 在这些增
长指标的背后,是什么样的经济结构? 强制增长所付出的代价太大。它强
迫人们"节衣缩食",让那一代人承受了太多的苦难。与此同时,这种增长模
式还往往"自食其果",即使最初阶段能够实现较高的经济增长,但无法长期
维持下去,经济增长率迟早会逐步下降,而且越来越明显。每一代人都会为
下一代人留下沉重的包袱(由于总是推迟,紧急和繁重的任务将不断累积)
和极不协调的经济结构。

激励机制

社会主义体制的奖惩机制几乎产生不了任何激励。在资本主义体制
下,引入创新(产品、技术和管理等)的企业所有人和经理层完全有可能获得
丰厚的收入。同样,如果效率低下、技术落后则可能给他们带来巨大的损
失,而业绩表现不佳甚至会导致致命的失败。之所以会产生这样的结果并
没有什么特别复杂的激励机制,不过是依靠市场机制的自发运行以及价格
的市场出清。然而在经典社会主义体制下,高效率和技术发展并不能带来
任何优势,而业绩不佳也不会导致企业经营失败。预算软约束可以自动为
任何缺点或浪费提供借口。

政治改革

新体制继承了沉重的历史包袱,不仅在于其虚弱的民主制度基础,而且
还有那些仍然藏在人民心灵深处的残存意识形态。不难发现,人们对许多
事物抱有奇怪的两分法观点:多数人准备接受,而且事实上也积极地渴望拥
有民主、拥有有保证的公民自由、市场经济、竞争和私人财产安全。但是与
此同时,他们也期望新政权在最可能短的时间内完成旧政权所没有履行的
承诺。一个根深蒂固的残留物是向政府索取父爱主义的关心,渴望政府保

护个人免受转轨和经济转型过程中的所有冲击。同样残存于人民头脑中的还有平均主义思想情感,它们导致人们对市场经济和私人部门扩大所带来的不平等现象感到痛苦和反感。政治和意识形态领域的困难掩盖了由于后社会主义转轨使巨大经济问题产生的内在危险。在仍然幼稚的民主政治中会有被称为民粹主义的煽动者,极端民族主义趋向也有可能出现。可以认为,对权力的驾驭依然掌握在民主主义力量的手中,但不能认为反对民主变革就会销声匿迹。经济形势发展得越顺利,危险才会变得越小,也才越有信心期待民主政治的巩固。

……

作为最后的堡垒,家庭(尤其是妇女)既是社会变革的赢家,也是改革的输家。改革导致了收入的重新分配,那些加入到高收入行列中的人确实可以从中受益。因为可以购买家庭住宅、公寓、汽车和家庭设备,他们对此非常开心。但那些落在后面的人却受到来自两方面的压力。从前的父爱主义政府已经停止供养他们,政府预算不足以支付补贴,而且房屋和大量公众服务的价格开始快速攀升。他们收入太低,根本无法为自己买一套公寓,购买汽车就更是难以实现的奢侈。工资是在政府制定工资政策时固定下来的,而那时几乎不用花钱购买房屋或设备。许多妇女发现自己处于尤为困难的境地:那些只能依赖自己的收入,或者即使有另一个挣钱人、但整个收入太低以至于还不能放弃妇女那部分收入的家庭发现,让公共机构照看小孩和老人变得越发困难(或昂贵)。公有制和父爱主义政府相继没落,而私有制和市场又与之无缘,社会的下层群众往往是两头落空。

……

市场社会主义和计划 - 市场思想的一个关键要点就是希望官僚协调和市场协调能够融洽相处并弥补各自的缺陷,从而成为互为补充的协调机制。上述期望几乎没有实现。不过,市场社会主义的思想和改革实践也产生了一些有益的影响,这不仅仅包括本部分开头所提到的经济和政治影响。就总体而言,它带来了更为深远的社会影响,尤其影响了那些有启蒙思想的社会领导阶层。在传统体制下,人们以为指令经济、全能的中央集权和无所不包的计划方式就是经济控制的最高形式,而市场社会主义动摇了这一盲目信任。

　　选自[匈牙利]雅诺什·科尔奈:《社会主义体制》,张安译,中央编译出版社 2007 年版,第 9、42～46、102、123、150～151、192、282、403、428、472、476 页。

4. 卡德尔^①

公有制与社会主义体制改革

公有制关系的矛盾

对待所有制的这样一种态度导致了以下两种观点：一种观点认为，社会主义同国家所有制是一回事；另一种观点认为，社会主义自治同劳动组织或联合劳动基层组织的集体所有制或集团所有制是一回事，同时又硬说这一组织起着垄断地支配收入的与世隔绝和自给自足的主要的作用。这两种观点在理论上都是站不住脚的，而在实践中都可能成为妨碍社会主义社会关系发展的严重障碍。但这同样也适用于如下一种较为少见的论点，这种论点否认社会主义公有制的概念中有任何具体的物质内容和法律内容。这种论点只是前面第一种观点的翻版，因为它实质上也认为，所有制首先是人对物的关系，而不是人与人之间的关系。而由于在公有制中，财产既是属于所有人的而又不是属于哪一个人的，按照这种论点，所有制关系似乎消失了。

---

① 爱德华·卡德尔（Edvard Kardelj，1910—1979），南斯拉夫社会主义自治理论的主要设计师。第二次世界大战后，历任南共中央政治局委员、南共联盟中央执行委员会委员（1952—1974）、书记处书记（1952—1969）、南共联盟中央主席团委员（1969—1979）、联邦政府副主席（1945—1953）、外交部部长（1948—1953）、联邦议会主席（1963—1967）、联邦主席团委员（1974—1979）等职；代表作有《社会主义自治政治制度的发展方向》（1977）等。

然而只要存在占有,就存在所有制。问题只是在于这种占有是以什么方式,在什么样的生产关系中进行的:奴隶主是在对奴隶拥有所有权的基础上去进行占有的,封建主则是在实际占有土地的基础上(不论这种占有是以封建的权力还是政权的力量为依据)。

……

这只是证实公有制本身并不是目的,也不是社会改革家们的意识形态构思,而是历史发展生产力的工具。只有它所具有的这种作用,才能使它同时也成为一种克服由于经济需要和外部强制所造成的、使劳动条件、劳动资料和劳动成果同从事劳动和创造的人相异化的现象的手段和历史途径。这就是为什么我们必须把当代社会主义的发展视为一种非常复杂的、但毕竟是统一的过程的原因,尽管其形式、途径和范围不尽相同。因此,把公有制说成是某种静止的形式或教条,在理论上是站不住脚的。在社会实践中,这样的出发点甚至可能变成社会主义社会发展中的停止因素。公有制实际上是社会经济关系、政治关系和法律关系的总和,在这些关系中,从事联合劳动的人们在把共同的生产资料作为共同劳动、亦即联合劳动的条件的基础上彼此结合,而且是在支配这些资料、占有产品即占有通过自己劳动获取的收入方面拥有同等的权利和义务的基础上进行的。当然,社会也应该为确保这些关系而建立相应的法律制度,但不是以充当集体所有者的垄断主义的"职务行使者"的形式出现,而是以确定和调节劳动者在共同地直接支配公有资金方面的相互依附关系和责任的形式而出现的。

……

换言之,公有制的历史含义在于克服劳动同社会资本的异化,就是说,公有制必须导致劳动和社会资本的一体化。而这样的一体化是采用对资本的所有者垄断的任何形式都无法平视的。在资本主义世界中,这种垄断可以买到占有他人剩余劳动的权利,而在社会主义社会中,这种垄断作为过渡性的残余,表现为国家所有制对社会资本的权利以及使劳动和工人屈从于这种权利。这样的一体化只有通过工人对其劳动的客观物质条件的直接监督,也即只有在物化为生产资料和整个社会资本的活劳动和过去劳动的社会经济的统一中才能实现。尽管生产资料是公共的,它同时是每一个工人从事劳动的客观条件,也是工人对这些资料的个人权利的源泉。这样的一体化同时要求社会劳动的一体化、工人在经济和社会方面相互支援以及工人相互间的经济和政治责任,但是并不中断工人同他的作为其活劳动的最重要的客观条件的过去劳动在经济上和管理上的直接联系。社会主义生产关系这样的发展提出了公有制形式,并在由资本主义向社会主义的过渡条件下构成了它的实质。我们目前就过去劳动的社会地位所开展的讨论的社会历史含义也就在这里。

……

当代某些马克思主义经济学家和社会学家们在解释公有制关系时的致命弱点恰恰在于,他们把生产资料,亦即把用于扩大再生产的社会化了的"物化"劳动或"过去"劳动,看成是同各个工人或劳动集体的劳动相脱离的自在的社会资本。他们并不懂得,公有制同时也是工人的"个体所有制"形式,没有这种形式,工人和他的劳动都不可能是自由的。诚然,从社会资本的经济职能来看,这样的看法是可以理解的,甚至是必不可少的,因为社会的经济力量反映在这一社会资本上,这样也就把工人个人的经济利益同他们的集体的经济利益统一于这一范畴。然而如果我们从劳动的社会性和从事联合劳动的人们之间的社会经济关系的角度来看待公有制关系这个问题,那么这样一种态度就可能使我们陷于严重的谬误,就可能使我们认为,只有工人从他的劳动组织收入中获得的一部分收入,也即他现在劳动中的个人收入才是属于工人自己的,而以社会积累的形式从他的劳动中提取的一切则不是工人自己的,而是他人的,亦即社会的。这样我们实际上就把工人降为由国家来决定其劳动力价格的雇佣工人。然而这种积累只是社会劳动产品的一部分,它与社会劳动产品的其余部分的区别仅仅在于用途方面,亦即仅仅在于它是用于扩大和改善每一个工人的劳动和社会总劳动的客观条件上的。如果真是这样,那么对这种积累的支配权,即社会资本的经济职能,显然是不能同个人劳动分开或异化的。也就是说,积累在原则上是不能同联合劳动基层组织所管理的、由每个工人在其个人劳动的基础上同其他工人平等地参与分配的收入分割开来的,正如无论是工人的劳动,还是工人在其中从事劳动并就收入做出决定的联合劳动基层组织所获取的收入,都不可能同联合生产者对社会总劳动和社会总收入的共同管理分割开来一样。

社会主义的和自治的社会经济关系的再产生

对我国社会主义社会来说,要摆脱自治同社会资本集中过程中现有的专家治国论、垄断主义因素之间的矛盾,只有两种可能的出路。第一种出路是表面的和暂时的,其实质就是恢复对社会资本实行国家所有制的集中,使之掌握在联邦或各个共和国手中,这种集中只能建立在国家强制力量的基础上。专家治国论、官僚主义和国家主义的意识形态和实践正在迫使我们朝这个方向走。另一种出路是采取坚定的方针,在扩大再生产领域中建立能保证在工人监督下实行劳动和社会资本合作的经济关系。换句话说,应该更坚决、更彻底地继续改革扩大再生产制度,这种改革将使生产资料的集中和所有管理与支配社会资本的中心都服从于自治组织在联合劳动基层单位中的工人的经济和政治监督,服从于他们的利益、需要和相互责任。这实际上也就是我们在 1965 年开始的我国社会改革和经济改革的真正目的。

因此,在衡量"个别劳动量"的基础上分配收入时是没什么绝对公正的。自治社会应该在工人自治地支配物资的基础上建立的劳动者之间的经济和社会关系制度必须具备三个特点:第一,它在经济上必须对加速发展生产力和提高社会劳动生产率有刺激作用;第二,它必须引导工人进行劳动和收入的联合,即进行自治一体化;第三,它必须有助于在按劳分配的基础上寻找到最统一的分配个人收入的标准。因此,任何一个联合劳动组织在支配自己的收入时都不能闭关自守,而在分配这一收入时也不能对社会不负责。

……

如果我们再探讨一下,自治在哪方面考试及格,而在哪方面不及格,或者更确切地说,自治在哪里得到了确立,而在哪里未得到确立,我认为,如果我这样说并不夸张:正是在自治地取得和支配收入——而这些收入是通过市场上和社会资本流通领域内的初次分配形成的——的基础上建立起来的社会经济关系方面,自治的失误最多。诚然,这些失误更多的是由于长时间以来我国生产力的发展首先建立在国家所有制形式和国家干预的基础上,而不是把扩大再生产的领域也放在自治的基础上。长期地使管理社会再生产资金的"两种制度"同时并存,为自发势力的渗透打开了缺口,而这种自发势力助长了各种偏差并削弱了自治制度的效能,这也反映在市场和整个经济不稳定方面。但是在自治地支配收入的基础上建立的经济关系的混乱现象本身,反过来也对经济的稳定产生了不良的影响。这一切事实不应使我们得出这样一个结论:克服上述这些矛盾的途径在于取消商品生产即取消市场,取消自治地支配收入的办法。在目前的生产力发展水平上,组织社会生产的任何其他形式在经济上取得的成效只能更小——这一点已为社会主义国家迄今的全部实践所证实。此外,还不可避免地会恢复国家主义制度,并带来众所周知的全部经济后果和政治后果。

……

市场,即商品交换,永远是实现收入的首要因素,当然,它会带有在各种阶级制度中商品生产发展所具有的全部特点。从这种意义上说,就其经济结构来说能体现出经济成就或失败、赢利或亏损的私人手工业生产者的收入以其个人劳动及占有劳动资料为基础,资本家的收入以占有资本和购买雇佣劳动力为基础,而国家作为社会资本的垄断主义所有者,它的收入则是以其如下的政治权力为基础的:它通过自己的计划,决定将收入分为与工人相异化的积累和留给工人的工资。同所有这些历史上的收入形式相反,在我国自治社会中,按工人平均的毛收入,亦即劳动集体的收入,是以工人的劳动可能和能力为基础的,即工人由于从事劳动而取得了同其他一切劳动者一起平等地直接支配整个社会生产资料(这些生产资料直接决定其劳动的客观条件)的权利,亦即使社会资本同劳动一体化并使之服从于创造这一资本的劳动的权利。在此基础上,工人还有权同其他劳动者一起平等地——但要在共同制订劳动标准范围内——从收入中直接占有与其劳动在社会劳动共同产品中所占比例相应的一部分收入,供个人消费用。

选自[南斯拉夫]爱德华·卡德尔:《公有制在当代社会主义实践中的矛盾》,王森译,中国社会科学出版社1980年版,第8、17~18、22、32~33、56页。

5. 布鲁斯①

社会主义与市场

前言

本书的目的在于,从理论和经验事实两方面考察苏联式社会主义经济体制失败的根源,从而说明为什么要探索市场取向的解救方法。……从命令经济向市场经济的转轨看来不可能迅速完成,究其原因,首先是因为财产关系。以这种或那种方式属于国家的企业仍将在经济领域、特别是在工业部门中占有重要地位,从而导致某种类型的混合经济。转轨过程也要求政府的经济政策起积极作用。所有这些都意味着,即使对于那些决心最终转向完全的市场经济的国家,市场社会主义的基本原理也将至少在一个时期内保持其现实意义。

……

我们两人过去都曾以各自的方式对社会主义经济克服资本主义宏观范围内的不合理现象——过剩资本、过剩劳动力与没有得到满足的需求同时存在——的明显能力而心向往之。我们起初认为,把社会主义的这种宏观

---

① 弗·W.布鲁斯(Virlyn W. Bruse,1921—),波兰经济学家,以研究苏联东欧各国经济和经济改革闻名;代表作有《价值规律和经济刺激问题》(1956)、《社会主义经济运行的一般问题》(1961)、《社会主义的所有制与政治体制》(1975)、《经济体制变革的方向》(1979)等。

能力与其微观效率结合起来的可能性似乎只是一个时间问题,社会主义的一代新人将使计划技术得以完善,协作行为得以充分发展。当命令体制在波兰和苏联令人沮丧的经历促使我们在 20 世纪 50 年代中期以后寻找改革前景时,我们还是一直在努力寻求折中的方法,力图把宏观经济的集中计划同市场调节下国有企业的自主权融合在一起;但是后来对包括中国在内的改革过程的观察使我们认识到,这一折中方法在理论上是不能成立的,如果市场化是变化的正确方向,那就应该始终如一走下去。在实践中,早在 20 世纪 80 年代,致力于经济改革的大部分国家已经开始显示出走向完全的市场社会主义的趋势。这些理论结论和以观察到的实际趋势带来的困难是,他们很难同未做改变的社会主义经济学的框架相适配。我们感到,它们要求在对社会主义经济体制演进的主要阶段和主要方面进行通盘考察的背景下,对一些基本问题进行再思考。这里奉献给读者的,就是这种再思考的结果。

马克思主义的社会主义——许诺对经济合理性的声言

经济合理性不一定是"社会主义陈述"的依据,至少不一定是它的依据的决定性部分。费边主义等主要是依据道德理由反对资本主义的。而另外一些则认为社会主义的道德目标和经济合理性之间可能存在冲突,因此需要在二者之间进行某种权衡。根据我们对马克思主义的理解,社会主义对资本主义在道德上的优越性和经济上的优越性是比肩而立、相互补充的。这两个方面的结合从概念上说是根植于生产资料的社会所有制概念。生产资料的社会所有制是一个复杂的概念,它超出了罗马法传统中财产权概念的框架,尽管后者所用的语言对于把社会所有制同一般意义上的所有制区分出来可能是有用的。所以如果我们把财产权的基本要素看成是排除非所有者对所有物的控制,那么社会所有制的特征就必须是消除对社会成员的这种排除。换句话说,生产资料的社会所有制向社会的每一个成员提供了同等的权利,用以决定生产资料的使用和生产资料使用成果的分配方式。

因此,社会所有制的概念就超出了公共所有制的概念。如果根据后者,它意味着一个公共主体被指派为合法所有者:要使这个公共主体成为社会性的,它就必须处于社会的有效控制之下。这就使一系列关于社会有效控制的形式和标准的最困难的问题立即产生,在国家作为所有者的情况下,问题就成为政治性的了。

……

根据马克思的理论,生产资料的社会化使劳动转化为"直接社会性"的,即以直接的方式满足社会需要,而不是像在资本主义下,劳动是"间接社会性"的,在劳动力的使用和社会需要的满足之间嵌入私人盈利考虑。这种转化,不仅结束了人对人的压迫,而且为合理组织整个社会的经济活动开辟了导论。后者可以看成是广义上的人类的解放——从从属于统治经济过程的未被认识的自然力改编为有意识的调解这一过程看,甚至这种调节体系本身也是设计出来的,而不是作为自发发展的结果简单地继承下来的。在这里,我们清楚地恢复了马克思的人类乐观主义思想:坚信在适当的条件下,人类有能力合理组织经济和一般社会生活。社会主义应该在社会范围内为经济活动的实体和工具的合理性创造条件。

现实的社会主义——失望

从社会压迫中解放出来将会消除个人对社会的"异化"现象,并因而使人显示出对待工作和对待其他责任的积极的和富有创造性的态度。不是经济人的态度简单被利他主义替代了,自利作为一种动机并没有消失,但是它和社会利益结合在一起了。和生产资料的社会所有制一起,将共同导致委托人状况和代理人非状况之间区别的逐渐消失:取代我们成为准委托人的独特性,为的是对共同利益充分关心和对风险共同承担责任,这将成为通则。

……

在其他所有场合(中国、古巴、越南),共产党都是在经济极其落后的条件下取得政权的。结合主要工业化国家中资本主义仍然存活的事实,就很难把这解释为一种反常事件,或帝国主义阶段资本主义发展不平衡的证明。对存在某种反向规律(经济和社会发展水平越低,社会主义革命的机会越好)的怀疑不可避免地增大了。在这些国家,推动革命的力量不是马克思所说的无产阶级和资产阶级之间的阶级冲突,而是反对殖民剥削和民族压迫的斗争使社会主义具有引力,它也不是更充分地利用资本主义所创造的经济潜力,而是对摆脱不发展、贫穷和愚昧状态的许诺。约翰·罗宾逊(John Robinson)认识到了这一点,她(同情社会主义,但不坚持马克思的历史规律)试图用一个新的社会主义公式概括经验事实,即社会主义不是"超越资本主义而是代替资本主义的一个阶段——一种没有进行过产业革命的国家可以用来仿效产业革命的技术成就的手段,一种在一套不同的博弈规则中进行快速积累的手段"。

……

第一章对马克思关于社会经济合理声言的考察清楚地说明,在那种想象境界中,已经假定社会成员的经济行为基本上改变了。在生产资料所有制被认为是纯粹共同的、因为消除了委托人和代理人之间差别的基础上,预料经济人与社会人将结合在一起,竞争将被分享和合作的精神所取代。尽管人们承认在这个崭新时代的预期不能完全克服劳动异化,因为为了把个人利益与社会利益充分结合起来,还是不可避免地要在一定时期内实行按劳分配,但一种新的激励体系的内在基础还是处于适当的位置上。这种构想显然与向社会主义过渡的物质和文化两种意义的成熟条件联系在一起,其中,文化意义的成熟条件用葛兰西的语言来说,就是反映了无产阶级的文化领导权。但是几个层次的差别使得这种想象与现实的社会主义分离开来。……这种差异在新经济政策中第一次被用实际政治的语言表达出来。列宁说,单独依靠热情是一个错误,个人物质利益和经济核算必须起到同等重要的作用。但是几年后,含有大量市场调节的混合经济被以命令体制(集权体制)的制度所取代。仿佛越国有化和集权化,越是社会主义。

市场社会主义

我们可以简单地把要回答的问题表述如下:市场社会主义(要求有完全独立的企业和真正的企业家身份)和生产资料公有制(国有制)是兼容的吗?现实实践经验与考察:我们要求的市场社会主义存在无法解决的冲突——企业的完全独立与国有制或者任何有关的其他外部所有制都是不相容的。解决方案是:除了资产收益和资产增加外,国家放弃在企业活动中的任何利益和参与。这反过来假定国家作为所有者的角色必须与其他所有国家角色分离,而国有企业之间也必须相互分离。但是过去的经验并无法提供支持该假说能够带来国有企业与私人企业相同的结论。相反,撒切尔私有化反而硬化了预算约束,结果导致英国公有部门的企业效率提高了。在理论推理方面:经理人革命的类似难题表明,完全的市场条件类似于纸牌游戏,不拿自己的赌注冒险,几乎没法玩。即使实现上述一系列难度很高的分离,也很难期望国有企业成为和私人企业一样的牌手,这在冒险投资的资本市场尤其如此。而通过国家控股公司(最后还是向某个政府部门负责)或者自治企业(归于社会导致混乱,或者仍然是归于政府;要求重新界定工人的集体所有权,真正独立的话也就使得国有制没意义了)都行不通。上述简短考察表明:国有企业的行为更符合有效市场机制要求的可能性越大,国有企业离开传统意义上的国有制就越远。而要使得国有企业更像真正的企业,就需要在国内存在非国有的环境。

……

时刻要记住的是,向市场社会主义的演化是从现实的社会主义开始的,不可能一夜完成。在可预见的将来,市场社会主义的唯一现实情况就是一种混合经济,其中,不同形式的国有企业逐渐在平等的基础上与私人企业和合作企业进行竞争。这意味着,国有企业能否适应以及怎样以最少的损失适应包括资本市场在内的真正的市场制度这一问题,仍然具有极其重要的意义。从长远的前景看,市场社会主义将必须使所有制结构的发展在不断变动的环境中受到社会经济适应性的公证检验。换句话说,市场社会主义可能并不要求放弃公有制,但肯定要求放弃任何形式的所有制教条主义。经济体制并没有最终的答案。

　　选自[波]弗·W.布鲁斯、K.拉斯基:《从马克思到市场》,银温泉译,上海三联书店1998年版,前言、第3~5、12、23~24、175~180、195页。

6. 锡克①

资本中立法与新经济体制

需要和利益

如果能维持一种符合要求的生产发展,在这种条件下,各种生产要素可以得到最经济的利用,可以实现不断地更新,从而既可以保持私人的、市场导向的生产的优点,又能阻止这种生产的不受社会控制的、不顾未来和对社会无情的过程,那么就可以排除人们对工作位置和生存基础的担忧。这样一来,人们对自身环境的关心同时就会增强,不会再为人们对工作和收入的关心所排挤。对国民收入实行一项有计划调节的分配,就可以在私人消费、公共需要的满足、改善环境、保持生存均衡和充分就业之间的关系方面实现某种民主决策,同时又不致使生产的市场动力受到限制。这些经济主义的观念是不能靠社会伦理学的论据来克服的,因为人们的片面的工资利益和保持工作位置的利益在他们同资本与利润这二者发生异化的情况下是现实存在的,甚至各种利益本身也不能靠道德和政治的作用来消除。只有当工

---

① 奥塔·锡克(Ota Sik,1919—2004),捷克经济学家和政治家,1961 年起历任科学院经济研究所所长、经济改革委员会负责人、科学院科学委员会主席,1968 年被选入国际经济协会常务委员会,1968 年任政府副总理,"布拉格之春"后流亡瑞士, 1970 年起任圣加莱恩经济和社会科学院教授;代表作有《经济、利益、政治》(1962)、《社会主义的计划和市场》(1965)、《第三条道路》(1972)等。

资领取者成为他们的企业的实在的资本共有者的时候，使工资领取者获得资本利益和利润利益才不是空想。实现某种资本参与制和利润分成制，以及合作工人共同决策制，就可以使这样的工人对有效生产发展和投资发生兴趣。许多这类性质的企业实验都正视了这一点。只有这样的利益变化才能为克服工资利益和利润利益的社会对立以及为限制收入分配的斗争创造决定性的前提条件。

恰恰是认为必须把作为人的活动的动力经济利益消灭的想法，变成一切社会乌托邦流派的共同特点。带有唯心主义的空想主义者企图把人都改造为善良、清心寡欲和与世无争的，他们借助宗教、伦理学和教育把人的先验的和利他主义的意向变成他们社会创新的前提条件，陷入空想的马克思主义者相信通过消灭私有制和市场关系，就能克服个人的经济利益。只要货币收入还是达到人们一系列需要满足的决定性的前提条件，经济利益即对各种货币收入的利益，就不能被消灭。个人需要重于社会需要这一看法，常常不是被看作某种对现存社会制度的反动，不是被看作是社会和国家同个人相异化这一事实的固有表现。人们宁可把这种看法归之于"人类永恒的利己主义"，另一方面归之于"广大群众没有能力理解经济和国家的复杂需要"。

经济民主化的必然性

有人认为，人民不愿意考虑长期的、复杂的和苦难的发展问题，对这些问题做出决策，相反，人民宁愿把这些问题都留给受过专门训练的专家们去处理。这种观点无论在西方，或者在东方，都广为流行。共产主义以及反共的思想家在他们的灵魂深处共同贬低了广大人民阶层的判断能力，两者的区别实质上只归结为这样一点：他们把社会领导权和社会发展决策权分别委托给不同的精神贵族。两者都坚持精神贵族观念，因为他们确信，只有经过选择的领导集团才有能力就社会需要、国家收支、政治的以及经济政策的发展做出决策。……实际上，广大居民阶层对国家活动、国家财政问题、政治决策和经济决策采取漠不关心的态度,是有其深刻原因的。这并不表明,人民对他们的社会发展中的重大问题不感兴趣,这不是数十年的经验所带来的结果,这种经验就是:在经济和社会发展方面如果不是真正提出不同的抉择供人民选择和做出决策,那么归根到底各种决策就只能成为很小的政治统治集团即政治权力机关的事情。

……

居民所有制和国家所有制,都是只有少部分人对企业发展有发言权,与员工无关,故而都会导致员工只关心自己的工资,不关心其他任何内容。不改变这个,就不能改变人们对生产过程的漠不关心和无限的消费欲望。这就是发生异化的消费欲望和利润欲望,只能通过决策民主化才能克服异化。……利他和利己都是人性。指望通过教育、感化、意识形态或政治而克服人的自私自利的企图,必然遭到失败。……如果社会必要的经济发展对于工资领取者来说仍然继续成为毫不相干的东西,他们只是从片面的、眼前的利益出发来看待这种法治,而这种发展在相当大程度上是在他们的利益之外实现的,甚至往往是违反他们的利益的,那么利润不仅会成为投资的,而且会成为资本家消费的异化基础。民主化不仅是权利的民主化,而且也是义务、责任和一切决策的物质后果的承担方面的民主化。让员工成为为企业负责的共同所有者。要创造一种财产形式,使职工通过他们的独立的、尚不能克服的个人物质利益而培养起对于企业、企业的经济利益,以及对整个国民经济的长期利益的责任感。……总结南斯拉夫的经验,我们应当努力实现这样一种财产制度,这种制度将克服职工同企业的异化状态,并实现企业管理机构中意志形成过程的民主化。为此,必须通过企业的市场收入,促使职工对投资和生产的效率产生直接的兴趣。然而与此同时,这并不应排除收入划分为工资和利润的现象。否则,就失去了对劳动量和劳动强度进行衡量比较和保持利润的正当效率性质的基础。如果不存在工资和利润,既不可能谋求充分就业,也不可能谋求宏观经济平衡。

合作公司和企业主的主动性

财产的中立化指这样一种财产形式，这种形式使一个企业的资本财产不再同单个人发生联系，也不再能在单个人之间进行分配，财产的承担者是某个已有的或新建立的公司当时的生产集体。……劳动者必须有可能使自己（在这个词的最广泛的意义上）同自己的企业、自己的活动、自己的成果、自己的命运一致起来。丹尼尔·贝尔曾表达一个重要的思想，就是让实际的所有者直接地在心理上分担自己的企业的命运。但是关于大康采恩的分得很散的股东却不能这样说。……每一个参加合作公司的人都自动的既是财产管理机构又是企业经营管理机构的成员。合作公司的中立化资本由财产管理结构通过选出的财产管理委员会（财产管理机构的机关）来管理。财产管理委员会在财产管理机构的首脑会议上选出，它的活动对财产管理机构负责。财产在以下意义上构成资本，即它应当以最有效的方式生产使用，并带来尽可能最佳的利润。为此目的，财产由财产管理机构交给企业经营管理机构掌握，而后者由管理机构（理事会、业务营业机构以及诸如此类）代表，对尽可能有效的使用资本财产负责。

有调节的市场

正是人们在最大限度地满足自身需要方面的利益和尽量减少多半仍然使人感到不快的劳动方面的利益这二者之间所客观存在的对立，使市场机制成为必要。一方面，只要还存在着先进的劳动条件和这种条件下的较长的劳动时间，僵化的劳动分工，劳动在紧张程度、吸引力和创造性等方面的巨大差别，以及专制的劳动管理等；另一方面，只要需要的满足由于货物较为匮乏而在经济上必然受到限制，并且各社会阶层的消费不可避免地存在着差别——只要存在着这样的条件，就会存在上述利益的对立。

选自［捷］奥塔·锡克：《一种未来的经济体制》，王锡军等译，中国社会科学出版社1989年版，前言、第3~5、31、39~61、122~129、240页。

7. 罗默①

关于平等的社会主义

导论

新古典的观点把市场看作在有才能的个人之间组织竞争的最小机构。与这种"浅薄"观点形成鲜明对照的是,现代的"充实"观点把市场看作复杂的人为机构网络的一个组成部分,所有的个人贡献通过这种网络得到净化与提炼。我认为,这两种市场观具有实质性的区别,后者与前者不同,适合于市场与社会主义的共处。尤其是,按照现代观点,收入分配有更多的可延展性;大门向从实质上减少不平等的可能性敞开着,无须等待庞大教育计划的结果,因为利润的再分配如果做得恰当,对经济效率几乎没有或根本没有有害影响。这本小册子的具体任务,就是提出一些使这种利润收入的再分配能够实施的方法。我还希望向常常被列举的一种对市场社会主义的批评挑战:即认为市场社会主义是一种矛盾修辞法,认为没有对企业私有财产的

---

① 约翰·罗默(John Roemer,1945 —),美国经济学家、政治学家,曾参与工会组织工作、教授数学,现任耶鲁大学经济学与政治学教授,研究领域包括马克思主义经济学、分配争议、政治竞争、产权与气候变化、合作理论;代表作有《马克思主义经济理论分析基础》(1981)、《价值、剥削与等级》(1986)、《社会主义的未来》(1994)、《机会平等》(1998)、《政治竞争:理论与应用》(2001)、《民主、教育与平等》(2006)等。

根本无约束的权利和由此产生的对资本积累的权利,市场不能实现它的优良业绩。

社会主义者需要什么

我不是说社会主义者应该采用那种从实用主义观点来看作用最好的伦理学理论,比如说,在今日世界上从为提倡社会主义变革辩护的实用主义观点来看作用最好的伦理理论。我的论点是,一种被使用过的伦理学理论,即那种建立在自我所有制基础上的伦理学理论,是错误的。现代平等主义理论家们已经肯定地认为,自我所有制的命题不是一个正当的伦理观点。人们不应该从出身的偶然运气中有区别地获得利益,因为出身的偶然运气是以一种任意的、非常不平等的方式分配有价值的财富(才能、公民身份、父母)的。社会主义唯一正确的伦理学论据是一种平等主义的论据。

公共所有制

我的观点是,社会主义者已经形成对公有制的崇拜:公有制已被看作社会主义的绝对必要条件,然而这种判断是建立在一种无根据的推论基础上的。社会主义者需要的是我在第一章列举的三种平等,他们应该虚心观察生产资料中什么类型的财产权会带来这三种平等。可能的财产权的无限分级把完全的、无控制的公司私人所有权(这几乎不存在)同政府机构对企业的完全控制分开。不存在这种范围内国家控制结果对于造成三种平等是最理想的保证,也不能保证任何特殊的民主选择安排会带来这三种平等。公有制与社会主义的联系是微弱的,而且我认为,从社会主义的宪法中去掉"人民"占有生产资料这个要求,人们会做得更好。社会主义者应该要的是这样一些财产权,这些财产权能造成一个最能促进每个人机会平等的社会。在历史的现阶段,人们还不能真正地说,他们知道这些财产权应该是什么样子。

……

总之,我认为公司和其他资源的财产权的选择完全是一个手段问题;建立这些权利的可能性应该由社会主义者根据这些权利产生社会主义者所关心的三种平等的可能性去评价。粗略地说,社会主义在这个问题上的历史如下:资本主义特征的私有财产,在社会主义条件下被宣布为公有财产,在布尔什维克领导下又变为国有财产。由于种种复杂的原因(包括官僚政治僵化和阶级利益),这种所有制形式占统治地位达70年。工人管理的企业在社会主义运动中一直是一种外围的所有制形式。种类繁多的财产形式在现代资本主义社会(而不是社会主义社会)中已经变得随处可见:非营利企业、有限责任公司、合作企业、独资企业、公有企业、社会民主财产、劳动管理企业,以及社会企业和财产的其他形式。最能促进社会主义目标的财产形式,可能只是淡淡地涉及生产资料的直接民众控制或国家控制。

中央计划为什么失败

苏联型经济的失败归因于其三个特征的结合:①大部分产品由行政机关配置,在这种情况下生产者没有互相竞争的压力,②政治部门直接控制企业,以及③无竞争、非民主的政治。然而确定这些特征,尚未解释清其失败原因,因为我们必须揭示这些特征限制经济发展的机制。在前一章中,我曾提到委托 – 代理问题是苏联型经济的严重问题。当一个行为者(委托人)必须聘用另一人(代理人)去实施一项工作时,委托-代理的问题就产生了。一般来说,代理人具有与委托人不同的利益,而如果委托人不能顺利地监控或监督代理人,代理人就不会原原本本按照委托人的要求去做。经济生活中此类问题俯拾皆是,在过去的20年中经济理论付出巨大努力对这些问题进行分析。

南斯拉夫的试验

在最一般的意义上,南斯拉夫实验的失败应归因于那些控制联邦和共和国国家机器的人不愿意允许企业自治和鼓励竞争。不能说这是(共产主义者联盟)政治专制的必然结果,因为亚洲四小龙的政治专制并没有阻碍经济的迅速发展。计划本身也并非不对,因为在新加坡、韩国和中国台湾肯定也有集中的计划。两种专制类型的主要差别在于对待竞争的态度,对待培训专门管理人员的态度,对待企业自治的态度,以及对待一个重要的必然结果——硬预算约束——的态度。如哈耶克 1935 年指出的那样,如果政治当局控制企业的投资和人事决定,那么,他们就不可能同时使企业经理对企业的损失负责。

社会主义与民主

这就提出了这样一个问题:从个人主义价值观向社会主义价值观的转变(就是许多人过去常常说的"社会主义新人"的形成)是否会由市场社会主义的各种制度促成,或者这样一种转变是否真的会发生。每一场社会主义革命(苏联、中国、古巴)都有它的黄金时代,即在一段时间里,全体公民中的一大部分人被激励起来,以建设社会主义的名义做出牺牲,或者以同别人合作的方式——规范自己的行为。但这些黄金时代都为时甚短。还不大清楚的是,假如这些国家的经济如果获得持续成功,这些合作时期是不是可能会继续;也不清楚不论经济成就如何,黄金时代的精神是不是会延续下去,因为这种精神是由(例如)一个伟大的更好的变革而不是由一个稳定的美好时代引起的。

……

因此我在人性的全面变化这个问题上仍然持不可知态度。我更喜欢把我的信心放在能给普通人带来好结果的制度设计上。在已经表明了某种不可知论后,我是不是仍然承认市场社会主义最终会增加对(例如)公共教育更多支出支持的可能性呢? 也许我将再次援引公害的论点。在某种程度上,工人阶级的教育是一种能增加利润的公益,在这种意义上,资本家赞助工人阶级教育的经费是合理的。但几乎可以肯定的是,美国由公共资助的教育现在是低于这个程度的,而且资本家阶级中的重要部分的确支持增加的教育投资:如果美国工人像日本工人一样能阅读详细的操作手册,他们就可能更有生产成效,并能更容易地获得提高利润的技能。

……

但也有可能是这样一种情况:对于资本家来说,工人阶级教育的最佳程度比社会教育的最佳程度要低——这就是说,在教育达到一定程度之后,增加的公共教育可能对利润产生纯负面效应(当需要向工人阶级边际教育的增加提供资金的利润税额大于这种增加所能产生的利润的时候),虽然增加的公共教育作为一种公益可能通过对社会文化(在社会文化中,我包括从改进的电视节目到公共文明的一切东西)的作用继续产生重大的积极的边际效应。根据第七章的论点,这种额外的教育增值正是一个利润平均分配的社会更有可能通过它的政治过程来加以支持的。

选自[美]约翰·罗默:《社会主义的未来》,余文烈译,重庆出版社 2010年版,第 5、16、19、22~23、37、85、108~109 页。

8. 霍尔瓦特①

重建社会主义经济理论

错误的二律背反

社会设计与此不同,因为它影响人们的价值观念,而为了这些价值观念,人们愿意奋斗到死。还有一点不同的是,社会现象有另一个至为重要的方面——意识。与桥梁设计不一样:"建筑材料"本身会变。这就使得社会设计更复杂、难度更大。此外,社会理论不只是设计的部分,它还是现实本身的一部分。本书是对这一无人踏勘领域的探索,它旨在满足罗伯特·海尔布鲁诺所期望的,"将经济学变成一种社会科学工具,这种工具的目的和存在的理由不是阐释社会实际运行的方式,而是指出社会运行应该有的新方式……规定必须采取的行为方式,使社会达到所设立的目标"。整个问题远比关于方法论的学术讨论所显示的更为重要。不关心未来社会设计的这一传统——实际上还将这些设计公开贬斥为乌托邦和伪科学——在社会主

---

① 勃郎科·霍尔瓦特(Branko Horvat,1928—2003),克罗地亚经济学家、政治家和社会活动家,曾任南斯拉夫联邦经济委员会委员(1963—1965),联邦执行委员会市场和价格委员会委员(1967—1971),联邦经济委员会主席的经济顾问(1971),克罗地亚社会民主联盟的主席;代表作有《走向计划经济的理论》(1961)、《论南斯拉夫社会文集》(1969)、《南斯拉夫的经济周期》(1969)、《联邦的经济职能》(合著,1970)、《战后南斯拉夫的经济政策》(1971)、《南斯拉夫的经济体制》(1971)、《价值、资本和利息理论》(1994)、《国际贸易理论》(1999)。

义运动中长期存在并获得了广泛认同。它起源于马克思和恩格斯。他们之所以如此,也许是有理由的,因为并不像他们所期望的那样,他们所生存于其中的社会距离社会主义还十分遥远。然而这一传统目前依然健在,并造成了灾难性的后果。资产阶级革命和社会主义革命一样,是由许多堂皇的理想激发出来的。不幸的是,实际操作未能达到人们所向往的标准。在上一世纪,资产阶级意识形态将资本主义神化为所有人的自由和机会平等的化身。在现今这一世纪,统治官僚的意识形态将他们自己的社会神化为最好的社会。现在——和那时一样,是戳穿神话的时候了。

早期资本主义积累对没有力量、实际上也没有地位的工人阶级造成了不必要的苦难,这种景象不能不产生强烈的反响。19世纪社会主义运动正是因此出现的。经历过这种令人发指的剥削现实,人们开始对资产阶级革命的理想失去了信任。这个社会肯定出了什么毛病。很快,人民发现自由(法律面前的平等)和私有制没有产生博爱,而是产生了资本主义剥削。在理论上,分析家们很快达成共识,拿出了解决方案。这一方案可以概括为以下三个命题:①私有制时经济不平等的主要原因。经济不平等导致政治不平等,产生阶级剥削。因此,一个无阶级社会的基本前提是生产资料的社会化。②自由放任的市场造成周期性衰退和失业。为了合理利用资源,社会应实行中央计划。③既然在当时,工人根本没有政治权利,改良主义的社会改造是无法实现的,暴力革命似乎是唯一的选择。在应用层次上,即当它被广泛的政治运动所接受时,上述理论又添上了一种心理学的特色。似乎不是出于理论的原因,而是因为强烈反对资产阶级社会的压迫,社会主义者才成了社会主义者。相对于所有令人生厌的食物的自发反应一样,社会主义对资本主义的批评往往变成了对资产阶级社会及其价值观念的幼稚的、直截了当的否定。基本方法又一次成为否定性的。为了解放全人类,这一次要消灭的不是封建障碍,而是资产阶级社会制度。凡是存在的都是错误的,都要被与之正相反对的事物所替代。人们经常忘记了,资产阶级社会不仅仅是资产者,它也是人类迄今为止全部发展的产物,因此,对社会要做全面的分析,要能够准确地辨识并区别在人类发展的这一阶段上那些较为根本性的行为形式和较偶然的现象特征。

……

无情无义和以自我为中心的个人主义(由私有财产和不受驾驭的竞争所产生的个人主义)创造了一种人对人是非人状态。因此,个人主义是邪恶的,必须代之以集体主义。社会的利益至高无上。个人要听从社会的差遣。而社会由也只能由国家所代表。与此紧密联系的是以资产阶级自由主义为基础的私人积极性导致了富人对穷人的剥削。因此私人积极性和自由主义是反社会主义的,必须被严格的政府控制和监督所代替。其次,个人积极性是自发的,因此自发性就是坏的。它造成了危险的资产阶级情绪,使社会无组织化,导致无政府状态。因此,它必须被代之以国家的、自觉的、包罗万象的控制,使标准化行为得到保证。由此出发到对个人自由的全面否定就只有一步之遥了,物质财富匮乏的社会尤其如此。马克思已经观察到了这一现象,并把它描述为一种原始的或粗陋的共产主义。单纯的否定并不会改变资产阶级的思维框架。单纯的否定基本上还是处于同样的意识结构之中。现在,假定一场社会主义革命出现在一个落后的、前资本主义社会,我们可以预料,在这种情况下,不仅资产阶级态度会被认为是社会主义的,就连前资本主义的态度也会被认为是社会主义的。实际发生的一切正是如此。

异化和物化

为了运行,社会必须塑造其成员的性格结构,让他们愿意做他们不得不做的事并对强加于他们的条件感到满意。让异化者喜欢他的异化。头脑狭隘而且本身也是由社会塑造的经济学家把异化的消费者至上权当作他们经济理论的基石。然而社会性格——"任何一种社会为了有用于该社会的运行而塑造的特定的心理能量结构"——却不仅仅是由消费决定的。因此,我们来讨论某些较重要的、反映着现代异化条件的性格特点。……消费置换了生活,这在社会的价值结构中留下了确定的锈迹并产生了特定的世界观。在西方,世界被看成是一个居住罐互相竞争的小生灵的地方,每个小生灵都带着一个大账簿。他们在账簿中细细地记下所有的收入和损失,其目的是为了获得最大的净收益。人被简化为会计师,只关心他的净收益——这就是为现代资产阶级经济理论和大多数社会理论提供了哲学基础的功利主义人类学。由于理论与实践之间的巨大不一致,功利享乐主义在国家主义中不是显而易见的。在此,人被视为一种职位的所有者,对国家奉献劳动和忠诚并以此获得许可,享用消费品、荣誉和权力。这里,账簿的政治色彩更为浓厚,但原理都是一样的。

……

如果等价交换是一切活动的基础,那么每一个人都会从他人那里孤立出来,神圣的自我主义变成了基本动力原则。其他人被看成是手段而不是目的。对他人生活的关注在方法论上是不合理的(两个人的幸福或福利是不可比较的)。在国家主义背景下,这些原则也有所改变。国家决定什么是好的,因此在解决必须解决的问题时,个人是被隔离的。著名的心理认同现象,个人据此将自己与另一个人的位置联系起来并采取相应的行动,起着解决自我中心主义与利他主义矛盾的作用,但这种现象未受到重视。利他主义被认为是需要自我牺牲、需要放弃自我的。但不论是私人会计还是国家会计,其簿记生活都不是特别振奋人心或令人满意的。……如果我们的个人认同的源泉在我们以外,我们就可能沦为这一外部力量的支配对象。特别是当我们将自己与有势力的主人认同,将我们自己置于他们的权威之下时,我们感到强壮和安全,我们没有了焦虑,甚至感到幸福。这就是我们时代如此流行的权威主义性格结构的起源。作为个人,我是无足轻重的,但作为某种大的东西——国家、民族、党的一部分,我也就变大了。因此,为了防止我们自己的退化,我必须捍卫权威。法西斯主义、斯大林主义以及在越南、阿尔及尔和葡萄牙人的非洲展示了顽强性的殖民主义,反映了权威性性格结构的某些后果。

......

只要人的个性的统一性受到了某种程度的破坏,某些部分异化,一种特别的、可以被称作"两面人"(homo duplex)的现象就会出现。同一个人既是服从权威性的规则的生产者,也是自由的消费者。同一个人在他的私人角色上是一个温柔的父亲,但在官方的角色上,他是一个残酷谋杀其他孩子的人。例如,在他"戡乱"时就是如此。只要有权威发布命令,完全理性的人可以麻木不仁地犯下任何兽行。私人的思想和官方的声明往往是不一致的。还有很多。虽然两面人也存在于资本主义社会,但他更是国家主义的特征。这是因为,在统治阶级公开宣称的社会主义理想与统治阶级的实际社会实践之间有很大的差别。因此,言语与行动常常(而不是偶然)脱离。结果之一是出现了一个奇怪的语言现象,词语有了双重含义:语言学上的含义和实际的含义。为了顺利交流,人必须对这两种含义都有了解。两面人说着这种特别的语言,这直接反映了实际意义与表象的疏离。

......

我们已接近了我们研究的终点。两大阶级社会都是严重异化的。结果,人与人的关系消失了,被物和功能所取代。我们日常生活中遇到的生灵都是商品人和职位人。这些物化的生命以一种物化的方式思想、行动,进入物化的关系。他们的生命目标不是发展个性,尽可能充分地享受生活,而是积累和命令。……他们无法形成自发性的人类联系:在资本主义社会,货币连着货币——甚至可以说货币与货币共舞;在国家主义社会,职位连着职位。总之,都不是人连着人。在这一阶段,问题不再是人怎样不损人而利己,而是人怎样不损己而利己。怎样通过他的追求和满足,不再复制他对那种在使他的需要得到满足的同时永续他的奴役的剥削机器的依附?自由社会的出现将以这样一种事实为标志:福利的增加变成了本质上全新的生活质量……社会有机体不再能够对支配下的福利所要求的竞争表现进行调整,不再能容忍现有的生活方式的进攻性、兽性和丑陋。而自由将成为这样一个有机体的运行环境。

制度评价与制度建设

资本主义的经济是建立在私有制的基础上的,因而导致企业的自治实现了相对较高的微观效率;但是缺乏在国民经济水平上的协调产生了宏观的浪费。国家主义的经济是建立在国有制的基础上的,因而导致的中央计划实现了宏观效率;但是它也在企业内产生了巨大的浪费。我建议按照下面的方法使社会平等的原则成为可操作的内容:每一个人都在各自的社会生活中从事着若干个典型的活动,或者换句话说,他们在生活其中的社会里扮演着各自不同的角色。如果每一个人在各自扮演的角色中都有平等的机会和平等的权利,并且被平等地对待,那么,毫无疑问,这个社会一定是平等的。现在,在这个意义上恰好有三个基本的社会角色:每一个人都是一个生产者、一个消费者和一个公民。因此,平等必须在生产领域中、在消费领域中和在社会领域中实现。

……

生产者的平等意味着平等地使用社会的生产性资本,从而生产性资本必须为社会所有——不是被国家所有。社会所有制意味着两个基本的结果。在任何一个人们为了生活收入的目的而组织起来的劳动的团体之内,任何一个生产者像任何其他人一样都有参与决策的相同权利。这就是自我管理——一个我们在以前的讨论中通过另一条路径的分析已经得出的结论。第二个结果是社会计划。为了合理地使用社会的生产性资本,和为了足够减少不确定性以便使自治的决策能产生预期的结果,生产单位的活动必须在实现的基础上加以协调,这是计划的本质。认识到官僚和行政计划——被叫作中央计划——和社会计划之间的区别是非常重要的。前者意味着强制的协调——在命令基础上的协调——和破坏了企业的自治。后者意味着以实现需要的全局比例为目标的经济的协调——在经济利益基础上的协调——和让每一个个别企业在决策上有充分的自治(和责任)。没有社会计划,他们将成为未受控制的市场偶然力量的牺牲品。

……

消费者的平等意味着一种平等的或公正的收入分配。同样的,它不是指一种机械的平等,因为在稀缺的世界里,这样一种分配将被认为明显是不公正的,从而将使产量和经济福利急剧减少。我们的正义观告诉我们,一个懒惰的人和一个勤劳的人不能得到相同的报酬。一个个人从社会得到的应该正好是他贡献给社会的。这就是著名的按劳分配原则。它也是社会资本基本原理的必然结果。如果某人不是从他的劳动中获得收入,或者是在他的劳动之上——另一个人从而在此之下——获得收入的,那么,资本就不能被认为是社会化的。我们有了一个完全的、一致的理论,生产者的平等意味着消费者的平等,反之亦然。然而这个理论需要一个重要的修正。……在对个人能力的发展有基本贡献的个人消费方面,按劳分配原则——从而市场和交换活动必须被废除。在这里,按劳分配的交换原则必须被一个按需分配的非交换原则所代替。这就是团结原则如何开始发挥作用的领域。

……

社会主义之所以要利用市场,是因为市场是实现生产者平等和消费者平等目标的可以得到的最有效率的工具。但是这既不是自由放任的市场,也不是普遍化市场。这是一种受到社会计划严格控制的市场。并且这是由一个主要的、其重要性随着经济的发展而日益提高的非市场活动的部分加以补充的市场。最后,公民的平等意味着一种权力的平等分配和政策决策的有意义的参与。即使在最发达的资产阶级民主中,这种要求也没有被满足——在原则上也不可能得到满足。只有在取得了生产的平等和消费的平等之后,政治平等才是可能的。然而政治的平等也是在生产和消费领域中的真正平等的前提条件。在资本主义社会里,私有财产和阶级区别使权力的平等分配成为不可能。党的官僚——或者一个或者更多——与一个联合体的社会是不兼容的。即使民主的概念也不能令人完全满意:除了多数人的权利之外,社会必须也要保护少数人的权利。让我们把能满足这些要求的政治制度结构叫作自治。

　　选自［克罗地亚］勃郎科·霍瓦尔特:《社会主义政治经济学》,吴宇晖、马春文、陈长源译,吉林人民出版社 2001 年版,第 4 ~ 5、26 ~ 33、120 ~ 126、292 ~ 295 页。

五

发展经济学

1. 克鲁格[①]

自由贸易与就业战略

不发达国家的就业和劳动力市场

"就业问题"已成为发展中国家的政策制定者和关心增进大多数贫困者的福利问题的人们所关注的焦点。有趣的是大多数关于"就业问题"的研究,以及关于对劳动需求增长率的增长方式的研究,都假定为一个封闭经济,却没有意识到贸易战略或许会有一个促成显著差异的可能性。的确,许多发展经济学家都相信,构成发展中国家居民大部分支出的商品和劳务,很可能要比可出口产品具有更高的劳动密集度。因而其结论是,一个包含较少贸易性质的政策——即进口替代战略,要比出口导向型战略会更有利于就业。……在不发达国家,就业和实际工资的决定因素是复杂的,实际上它涉及发展进程的各个方面。在农村经济中可能存在着一定程度的隐蔽的失业问题,有关平均劳动生产率和边际劳动生产率以及实际收入的决定因素的问题。在城市经济中,存在关于实际工资的结构、"正规的"和"非正规的"

---

① 安妮·克鲁格(Anne Krueger,1934—),美国经济学家,曾任世界银行首席经济学家(1982—1986)、国际货币基金组织首席执行经理(2001—2006),现任约翰·霍普金斯大学经济学教授,主要研究国际贸易和支付理论及其相关的国际经济问题,被认为是现代"寻租理论"的创始人;代表作有《改革印度经济、金融与财政政策》(2003)、《成功路上的挣扎:国际经济所面临的挑战》(2012)等。

部门之间的联系、影响城市就业水平和就业率增长的要素等一些极其困难的问题。还有一系列有关农村和城市地区之间移居的决定因素的问题。以及这两部分之间的经济联系的决定因素的问题。最后,所有影响人口增长率的因素对于分析劳动力市场也都是重要的,大部分原因在于,正是这种人口的迅速增长,构成了大多数发展中国家对于"就业问题"关切的基础。

……

现实中存在许多这种部门分裂的特征。有的称之为"现代的"和"传统的",还有的称之为大规模的和小规模的,而在另一些例子中,这种特点称之为"工厂的"和"手工业的"。尽管这些特征本身在国与国之间是不同的,但它们都反映了把城市企业划分成两组类型的某些特征。"正规的"部门通常由大于平均规模的企业所组成,它依赖于相当现代的和资本密集的生产技术。对这一部门政府有关就业条件的规则假定是可实施的。相反,小规模部门有很大的手工业组成部分,通常由众多的小企业所构成,包括许多一两人的作坊。……就这个特性来看,很难得到有关非正规部门的可靠信息。在任何资料都是可以得到的国家中,有证据表明,非正规部门支付的工资大大低于正规部门的工资,这就产生了关于两个部门中劳动力市场之间关系的重要问题。……在发展中国家,正规部门和非正规部门之间的关键区别在于,最低工资和其他对"正规"部门劳动立法的强制性与在"非正规"部门这种立法的非强制性。

竞争的缺乏或国内企业的小规模都会导致 X - 低效率,和相对较高的资本/劳动比率,还会倾向于降低增长率。……现在从静态转向动态考虑。一个随时间而发展的进口替代战略会产生另一些问题。最一般地说,用数量限制去管理贸易和国际收支会导致相对价格和刺激机制随着时间进展而背离其最优化水平的内在趋势。货币趋向于不断的高估,这是由于对出口者不断地减少刺激和对那些能得到进口许可证的企业提供越来越高的报酬。同时,由于以上指出的原因,竞争被完全地排除意味着生产者没有强烈的压力来提高生产率、改进质量,或者随时间进展而变得更有效率。的确,不仅仅单个企业缺乏刺激,而且就政府而言,"公平"的必要性意味着市场经济中能使生产率较高的企业成长得更快的各种运行机制在那些进口替代国家中受到抑制。成功的、低成本的生产者通常只是与那些较不成功的高成本的生产者在同样的基础上得到他们进口许可的份额。可以淘汰低效率生产者的绝大多数的竞争机制都被进口替代战略支持下所建立的规则和刺激机制所排斥。

　　如果人们转而研究为什么出口促进通常比进口替代产生更高的增长率,那么他们就会发现,这些原因实际上有两种:一方面存在这样的事实,出口促进本质上就会避免进口替代战略的某些代价;另一方面,对于出口促进战略下可得到的既定投入量来说,其产出具有大致相同的收益。……以上证据有力地表明,在出口促进下经济增长的实绩看来比在进口替代下的要好。之所以如此的某些原因是十分明显的。尚未知道的是其中每一种贡献因素的相对重要性,以及它们之间的相互作用。以上讨论的每种现象都可能是有助于经济增长的,或许在不同国家,它们的贡献程度是不同的,这主要取决于国内市场规模、人均收入水平以及与主要工业化国家的接近程度。在本书中,应当记住:较迅速的经济增长与劳动力市场的发展这两者之间的联系未被完全理解。一般来说,存在着一个相当强烈的假设,即有助于提高经济增长率的因素也会有助于迅速扩大劳动力的需求。由于本书的其余部分将集中考察不同的贸易体制对商品构成和要素替代产生的效应,因而可能会忽略贸易体制选择对就业产生的单一的最重要效应。

关税

　　资源有效配置也许是这样一种正确的初始近似情况,它表明大多数工业化国家的要素市场的扭曲并不足以严重地影响生产格局、贸易格局,以及要素比例。而这对发展中国家来说却并非完全如此。……实行关税干预和征收出口税不会对检验要素比例模型造成根本性的困难。确实,一些可以检验的关于要素比例和贸易保护程度之间关系的假说,似乎已经提供了检验贸易要素比例学说的另一种方法。对出口品的补贴可以在任何方面影响贸易格局从而妨碍检验。当要素市场的扭曲严重时,所有的可能性都会产生:在资源有效配置下应该出口劳动密集型商品的劳动力丰裕的国家,可能实际上出口资本密集度明显高于其他商品。其他一些与效率模型不同的格局也是可能存在的。……一般说来,如果在制造业和农村部门之间存在着扭曲,那么可以采用一些用于检验扭曲和效率分别对贸易格局产生影响的方法。不过,当要素市场的扭曲存在于制造业部门内部时,没有一组观察值能使我们识别每种要素的单独贡献。重要的教训是,在要素市场扭曲严重地影响资源配置的情况下,我们不能仅仅通过观察实际的国际贸易格局来推断生产和贸易的有效商品构成。

贸易、要素市场与就业

正如第 2 章提到的,发展中国家经济的一个经常性特征是存在着大规模的非正规部门,通常它包括小业主、服务人员,甚至那些装配人员,这些装配人员一般事实上不支付社会保险税、销售税和不受那些针对较大企业经济活动的法令的制约。这些小规模的经营活动一般也比大企业在获得低息贷款和进口许可证方面享受较少的优惠条件,并且要素比例在两个经济部门之间的各项活动中以及各项活动之间有着严重的差异。社会保险支付以及对资本市场和信贷市场的干预能够以一定程度影响相对投入的成本,这些相关证据当然表明,非正规部门和正规部门行为之间的明显划分本身可能是政府政策实施造成扭曲的结果。如果情况是这样的话,它将会严重影响对发展中国家的分析和对所观察到的要素价格差异的解释。第二个推测——主要集中于技能,是关于最低工资法规被遵守的程度,这种法规被认为是无效的,也许非熟练工人除外。在最低工资法起作用的情况下,在系统中可能会出现雇佣更多高技术工人的偏向:如果企业不管怎样都必须支付工资并且存在着更高资历的工人,那么用技能使用型技术替代使用非熟练劳动力的生产过程是合算的。也许这是巧合,但是,关于使用熟练劳动力的国别研究成果似乎比非熟练劳动力的研究成果具有更加显著的差异。只要熟练工人的工资决定是无扭曲的,同时非熟练工人的工资决定受到最低工资要求的影响,那么这一点至少是可能的:由于企业家在选择不同类型技术工人时比他们在使用非熟练劳动力的密集度方面具有更加清晰的刺激信号,因此贸易类别和技术密集度之间的可观察到的系统差异随之而产生。

在劳动法规得到加强而又可以相当自由地获得信贷和进口许可证的经济部门和雇佣劳动力没有约束而又不能获得贷款或资本货物进口优惠的经济部门之间,资本/劳动成本的差异规模是令人吃惊的。可以肯定,这种差异的数量程度是非常大的,以至于至少我们有理由认为,可观察到的低产出就业弹性可以用要素市场的干预加以解释。不管这些扭曲是部分的还是全部的归结为就业机会增长的丧失,寻找消除使用资本密集型技术的刺激机制的方式不失为是增加实际收入和就业机会的一种努力。尽管存在统计资料的限制和对要素市场的不完全的理解,但是从国别研究和本研究项目中获得的证据总体上强烈地表明,向外向型贸易战略转变可以使资源配置和就业获得收益。而且潜在收益的程度很大程度上依赖于要素市场的适当运行。既然贸易战略转变本身可以消除使用资本密集型技术成本方面的一个扭曲根源,那么信贷配给、税收结构和劳动法规也起到了重要的作用,这一点是显而易见的。

选自[美]安妮·克鲁格:《发展中国家的贸易与就业》,李实、刘小玄译,上海人民出版社、上海三联书店 1995 年版,第 1~2、14~15、31~37、70~74、116~117、213~214、262 页。

2. 斯蒂格利茨

经济转型与新发展经济学

市场，市场失灵与发展

尽管可能有点同义反复的意思，但是欠发达国家与发达国家之间的差异，也许是源于经济组织上的差异、各经济行为主体（生产要素）之间的互动关系的差异，以及协调这些互动行为的制度之间的差异。在所有这些"制度"中，最重要的是市场。现在已经明确地认识到，在发达国家也存在许多市场失灵的情况。有这些情况下，可以通过非市场制度来改善市场失灵问题。比如说，如果资本市场不能很好地发挥作用（即资本市场"不完美"），而且这仅是因为信息是不完全的以及获得信息需要花费成本，那么一些非市场制度（大型企业集团中的内部资本市场）就会发展起来。在欠发达国家，市场失灵更为普遍，而且至少是在许多情况下，非市场制度并不能很好地改善市场失灵问题。

……

尽管我在此处所关注的市场失灵为不同类型的政府干预提供了一定的理论基础，但是政府所面临的信息和激励问题并不比市场所面临的信息和激励问题轻。政府随便进入市场都不敢涉足的领域，那无疑是冒失之举：私人资本市场上存在信贷配给，并不必然表明政府就要提供贷款。事实上，即使忽视政府贷款计划会产生明显的政治经济学方面的问题（当通货膨胀率很高时，最可能出现这类问题），不管是在甄别贷款申请人方面，还是在监督贷款的使用方面，政府都没有任何优势可言。……在欠发达国家，市场失灵问题尤为普遍。有效的政策就需要对这些市场失灵现象进行区分，办法是判断哪些市场失灵问题只需让市场充分发挥作用（尤其是，降低政府设置的壁垒，让市场有效地发挥其作用）就可以解决，哪些市场失灵问题只依赖市场本身是无法解决的。我们要确定哪些市场失灵问题是可以通过非市场制度就可以解决的。在建立这些非市场制度的过程中，就需要政府发挥作用。我们既要认识到市场的力量和局限性，又要认识到以矫正市场失灵为目标的政府干预的力量和局限性。

理性农民与有效制度

与传统的讨论相反，现代经济理论强调农民的理性。许多事实为此提供了佐证，在这些事实中，农民和他们的制度面已解决了非常困难的经济问题，除此之外，计量经济学也提供了证据，证明农民能对市场力量做出回应。一旦人们接受了农民理性这一假设，这就朝着有效市场假设和科斯定理方向迈进了一小步。科斯定理认为，个体将会迅速集中在一起，消除任何无效率的资源配置（或无效率的制度安排）。假如人们看到了表面上无效率的制度安排，那么人们之所以会看到这种表面的无效率，仅仅是因为人们没有充分理解所面临经济问题的本质。这一定理具有强有力的政策含义；如果任由国家自行发展，那么国家将会发展到其产能和资源的极限；发展停滞只能被归因于资源的匮乏或者（有害的）政府干预。由于经济力量天生会导致经济的无效率，因此对发展的研究就成为对发展的政治障碍的研究。"发展停滞总是并且在任何地方都是一个政治问题而不是经济问题。"强调政府常常是发展的阻碍这一事实，这种思想对下面这一观点提出质疑：政府干预是发展问题"显而易见"的解决方案。政府本身可能就是问题，而不是解决方案。但此类理论暗示市场自身将会解决问题，这具有负面影响；因为这些理论没有注意到政府在许多发达国家发挥的重要并且似乎是积极的作用,也没有看到一些表面温和的政府(比如美国南部)在发展方面的失败。在我的研究中,我采取了一个更折中的立场:不应该只将制度视为理所当然,而是应该对其进行解释。通过理解为什么制度会是现在这个样子,经济理论能够让我们深入了解它们在当前或者曾经发挥的作用。但是,传统经济理论无法对制度的许多重要方面做出解释;要理解制度的这些重要方面,我们需要更宽广的视角,这就需要我们从社会学、心理学和历史学的角度审视问题。

我在本文所提出的观点认为,上述三者——制度、历史和理论都很重要。制度对这些经济体如何运行施加影响;尽管我们应该尝试揭开制度的面纱,透过现象看到经济交易的真实本质,但是即便在此之后,制度仍然具有其自身的生命力。同时,制度不应该被简单地视为理所当然;它们需要得到解释;在理解诸如分成制之类的制度所发挥的经济功能以及这些制度的影响方面,有许多经济学的观点可供使用。但是某些制度发挥一定的经济功能并不意味着它在任何意义上都是"最佳的"。在我们理解为什么某些制度存在而另外一些制度不存在,或者为什么那些制度以其特有的形式存在时,历史的力量并没有起到很大的作用。我已经进一步提出,那些重点研究"理性"和有效制度环境中获得充分信息的理性农民的模型不仅可能不妥,而且可能具有严重的误导性,这和那些简单假设农民受规则(传统)束缚并且是非理性和非经济性的模型如出一辙。农民是理性的,但是他们没有获得充分的信息。不完美信息(以及各种其他交易成本)除了会限制竞争的有效程度,还会导致制度的僵化,由此使得表面看来无效率的制度长期存在下去。也许不能通过分权的方法实现改变——中央的协调,即政府干预可能是必需的。市场力量自身可能不足以确保发展进程的成功。与此同时,政治进程不仅不利于发展,反而频繁地阻碍发展——这不足为奇,我们和其他一些人已经指出了原因。

迈向后华盛顿共识和新的发展方式

华盛顿共识的目标是提供一套规则来创造一个活跃的私人部门并促进经济的增长。回顾会发现,该共识的政策建议高度风险厌恶——它们都是为了避免最糟糕情况的出现。虽然华盛顿共识提出了一些机能良好的市场所具备的基本要素,但是不完全,有时甚至具有误导性。世界银行的"东亚奇迹项目"是这场讨论的一个重要转折点。它证明了东亚经济取得的巨大成功不仅仅取决于宏观经济的稳定或私有化。我已经在其他文章中详细地讨论过了"东亚奇迹的启发",但我的主要观点已经贯穿了今天的整个发言。没有一个强健的金融体系——政府在创造和保持这样一个市场方面扮演了很重要的角色,会很难动员储蓄或有效地分配资金。

除非经济是竞争性的,否则自由贸易和私有化所带来的收益会在"寻租"活动中消散掉,而不是用于财富的创造。而如果对人力资本和技术转移的公共投资不足,市场是不能够填补这一空白的。许多这样的思想以及更多我没有时间讨论的思想都是我所看见的正在兴起的共识——后华盛顿共识——的基础。这个兴起的思想,其原则之一是不管该新共识是什么,它都不是基于华盛顿共识。为了使政策可持续,必须要符合发展中国家的利益。监控通货膨胀率和经常账户平衡并为其设置条件相对较容易。对金融部门管制或竞争政策使用相同的方法既不可行又得不到理想的结果。新共识的第二个原则是更大程度的谦虚,坦白地承认我们并没有所有问题的答案。如果想要更好地实现我们的诸多目标,就不仅仅是世界银行和国际货币基金组织之间继续地研究和讨论很重要,全世界范围的研究和讨论也很关键。

……

转型本身不是终极目标,但是转型是实现其他目标的手段。与发展联系在一起的转型使个人和社会能更多地控制自己的命运。发展通过拓宽人们的视野和减轻其孤立感,从而丰富了人们的生活。发展减少了疾病和贫困带来的痛苦,不仅延长了寿命,也提高了生命的活力。在四十多年的时间里,发展被看作(至少是那些"主流"人士)主要是经济问题——增加资本存量(或者通过国外转移,或者通过国内更高的储蓄率),改善资源配置。这些变化将会带来更高收入,并且希望获得更高的可持续增长。除了资源配置在一定程度上的无效率(反过来,这与更大的市场缺失或失灵概率有关)之外,其他方面欠发达国家被描绘成与发达国家相差无几。左派经济学家和右派经济学家的区别在于如何最好地改善资源配置以及政府应该扮演什么角色。左派经济学家把这些根本性问题归结为市场失灵。20 世纪 60 年代流行的通过计划模式推进发展的理念,就是让政府利用这些计划模式来代替缺失的或不完美的市场,从而引导经济体内更有效的资源配置。相反,右派经济学家认为政府是问题的根源:一旦政府不再干预经济,市场本身就能导致有效的资源配置。因此,双方都把发展问题视为改善资源配置的问题,他们只是在改善资源配置上采取不同的战略。一方追求的是用政府来补充市场,而另一方追求的是降低政府的作用,政府本身被看作是发展问题的一部分,而不是解决办法的一部分。

……

20 世纪 80 年代,人们关注的焦点转移到了宏观经济问题上,转移到"调整"财政失衡和误导性的货币政策上。如果宏观经济失衡,市场不可能运转,至少不可能很好地运转。我们注意到这三种发展战略都把发展看成是技术问题,需要技术性的解决方法——更好的计划规则、更好的贸易方式和定价政策以及更好的宏观经济结构。三种发展战略都没有深入到社会中去,也不相信这样的参与方法是必要的。经济学的规律具有普遍性:需求和供给曲线以及福利经济学的基本定理在非洲和亚洲与在欧洲和北美同样适用。这些科学规律不受时间和空间限制。但是发展不仅是技术调整问题,而且是一个社会转型问题。

……

那些承诺将改善欠发达国家贫困人口的生活,并且相信市场经济是实现增长和消灭贫困的最佳途径的观点将在接下来的日子里面临巨大的挑战。在发展中国家,反对改革的力量正在积蓄。但是人们观察到的改革失败,并不是由市场失灵造成的,而是由改革策略选择和权衡的失误造成的。市场化改革的倡导者被热情冲昏了头脑,却低估了体制基础的重要性和政府在体制基础建设方面的重要作用,也未认识到竞争和新企业的重要性。所有这些,都在我们已经讨论过的教训中有所阐述。社会是很复杂的,而经济发展包含整个社会的转变。关注财政收支平衡和低通货膨胀,却忽视金融机构的作用,这将导致宏观经济不稳定,就像失误的货币政策和财政政策组合所带来的后果一样。"寻租"在私有部门和公共部门的破坏力是一样的。我们今后的任务是防止改革的方向摇摆得太厉害,即防止矫枉过正。如果我们能够达到这样一种平衡,从过去改革的失败中汲取经验和教训,改革就还有一线希望。半个世纪的改革已经使发展中国家的数百万人的生活水平得到改善。我们希望看到改革在民主政治、平等和可持续发展方面的成功,让我们与数十亿人口一起分享改革的成果。

科斯定理与产权

科斯的观点强调产权分配的重要性,而产权本身也可以被看作一种制度,并且与其他制度一样,产权制度会向着提高经济效益的方向演变。本书第 14 章和最近对公共财产处理的研究为这种观点提供了一些有限的支持。传统经济学家一直在哀叹"公用地的悲剧",例如在公共草地上过度放牧和在公共渔场中过度捕鱼。英国的圈地运动——事实上是产权的变化——受到肯定,因为它能带来效率的提高,即使其导致的收入分配结果并不值得称赞。在最近对发展中国家地区性公共财产资源(农村里的池塘、草场、河床和薪材等)的研究中发现了对公共财产使用的很多种限制,要么通过慎重的分配,要么通过隐性的规则,有时还利用精心设计的监督和惩罚机制来强化。这些约束大大限制了与公共持有财产相关的效率损失。这些成功例子中的关键因素是公共财产的使用仅限于同一个小规模社区的成员,并且社区成员共同依赖于公共财产。这些发现表明局部性制度可以解决地区性公共财产资源有效使用的问题。相反,私有化并不一定会产生有效的结果。在亚马孙盆地,一些公用地的私有化,由于配套了不明智的税收政策,反而恶化了公用地的使用情况。

选自[美]约瑟夫·斯蒂格利茨:《发展与发展政策》,纪沫、仝冰、海荣译,中国金融出版社 2009 年版,第 18、25 ~ 26、30 ~ 38、127 ~ 128、147、171、216、466 页。

3. 阿明①

全球化与资本主义

现行世界体系和中心区的五大垄断力

我个人认为,我们的讨论应该从深入分析现存世界体系(它因旧的世界体系的衰退而产生)的新特征入手。当前的世界体系有两个新特征:

(1)自我中心的民族国家衰退,再生产和积累之间的关系消失,同时,至今仍然完全受自我中心的民族国家边界影响的政治社会控制也在弱化。

(2)鸿沟已经弱化:在实现了工业化的中心国家和没有实现工业化的外围国家之间,出现了新的两极分化特点。

一个国家在全球等级体系中的地位是由它在世界市场上的竞争力所决定的。然而无论如何,我们认可这种自明之理绝不意味着我们和资产阶级经济学家一样,认为一个国家的地位是理性行为的结果——所谓的理性是由所谓的"市场客观规律"这一标准来评价的。相反,我认为,这种竞争力

---

① 萨米尔·阿明(Samir Amin, 1931—),法籍埃及裔经济学家,新马克思主义理论家,全球化问题专家和国际政治经济学家,曾任埃及经济发展组织的高级经济学家(1957—1960)、马里政府计划技术顾问(1960—1963),1963 年起担任过法国普瓦蒂埃大学、巴黎大学和塞内加尔达喀尔大学教授和设在达喀尔的联合国非洲经济开发与计划研究所所长,1980 年起担任联合国未来非洲战略局负责人;代表作有《世界规模的积累》(1970)、《不平等的发展》(1973)、《帝国主义的危机》(1975)、《价值规律和历史唯物主义》(1977)、《今日阿拉伯经济》(1982)等。

是经济、政治和社会等方面许多要素综合决定的产物。在这场不平等的斗争中，中心区运用了我所称为的"五大垄断力"。这些垄断力从总体上对社会理论构成了挑战。它们是：

（1）技术垄断。技术垄断需要大量支出，而这只有大而富有的国家才能承担。如果没有国家的支持，尤其是如果不借助军事支出——自由主义学说并没有提及这些——大多数此类垄断都将无法持续。

（2）对世界金融市场的金融控制。由于调控金融垄断集团的规则走向自由化，这些垄断取得了前所未有的功效。而在此前不久，国家储蓄很大的一个部分只能在国内金融机构内周转。而今天，这些储蓄已经主要由全球运营的金融机构统一掌握了。

现在，我们来讨论金融资本，即资本最全球化的组成部分。尽管如此，脱离关系——即使仅限于金融转让领域——这种简单的政治决定，也会导致这种金融全球化问题。另外，我认为，支配金融资本自由流动的逻辑已经瓦解。过去，这个体系一直建立于货币在市场上自由流动而美元事实上成为世界货币的基础之上（根据货币也像其他物品一样是商品的理论）。然而我们把货币当作商品的理论是不科学的，美元之所以有强势地位，仅仅是因为没有更好的方式存在。如果一个想让本国货币发挥国际货币作用的国家没有出现出口剩余，这个国家的货币就不能起到国际货币的作用，从而不能保证其他国家进行结构性调整。19 世纪末英国的情况便是如此。但是，这并不符合美国今天的实际情况，美国通过强迫借款给世界其他国家来维持其财政赤字。这也不符合美国的竞争者们的实际情况：日本的剩余（1990 年实现再次统一后，德国的剩余消失了）不足以满足由其他国家的结构调整引起的金融需求。在此情况下，金融全球化完全不是一个"自然"过程，而是一个极其脆弱的过程。从短期来看，这只会引起永久的不稳定，而不是带来有效开展结构调整所必需的稳定。

（3）对全球自然资源开发的垄断。随意开发自然资源带来的危险是全球性的。基于短期的理性，资本主义不能克服这种随意行为带来的危险，反而强化了发达国家的垄断。这些国家对环境的考虑是非常夸张的，它仅仅是为了不使其他国家同样不负责任。

（4）媒体和通讯垄断。这不仅导致了文化的整齐划一，而且为新的政治控制手段打开了方便之门。在西方，现代媒体市场的扩张本身已经成为民主实践倒退的主要内容之一。

（5）对大规模杀伤性武器的垄断。与1945年的情况相似，在第一次世界大战后的两极控制下，这种垄断又成为美国唯一主导的领域。然而核扩散风险的失控可能是不争的事实，在缺乏民主的国际控制下，这也是人们与美国令人难以接受的垄断相抗衡的唯一方式。

总体而言，这五大垄断力量共同规定了全球化价值规律的运行框架。价值规律是对这些条件的简要表述，而不是对客观的"纯粹"经济理性做出的解释。所有这些进程的运作都阻碍了外围国家工业化的对外影响，降低了其生产性劳作的价值，却高估了能从中心区国家获利的新垄断力的运作中所带来的预期附加值。其结果是出现了新的等级秩序，全球收入分配比过去更加不平等，外围国家的产业陷于从属地位，沦落到转包者地位。这是新的两极分化的基础，它预示着两极分化的未来形态。

目前的危机管理及其替代办法

单凭市场，无论是在地方（国家）还是在世界范围内，对政治和社会制度进行管理都是乌托邦的。有趣的是，恰在宣称"意识形态终结"时，主流体系却试图把表述方法极为原始的、纯粹的意识形态强加给人们。

这是因为在遭受现在这样持久的体制危机时期，资本主义主导力量并不寻找根本的出路，而是只寻求某种管理危机的方法。有人提出以符合所有人利益的长期的危机解决办法，比如说，以"我们同舟共济（利害相关）"为基本原则的布兰特报告。此类讨论是幼稚的，因为它不适应当今资本主义的运行方式。在现实中，资本主义主导力量往往会优先考虑危机管理策略。在这种诉求中，资本主义主导力量将尽可能多的危机转嫁给了那些最弱小的伙伴国——处于东方、南方外围地区的国家。这么做，为的是减轻中心发达国家的危机后果，确保以后不发生剧烈危机。这种做法与寻找解决方法是背道而驰的。主流意识形态机器的新辞令见证了这些短视的先入之见。现在，人们会听到"管理"，其意思就是说难以管理的解决办法的可管理性，这一解决办法之所以难以管理，因为从本性上说，它自身是爆发性的。

这种资本主义主导力量的思维方式，其作用在于分裂外围国家。这些外围国家处在世界体系的底层，极易受到伤害。它们向全球市场力量开放，却没有控制它们的方法，因而承担了全球危机的最大负担。这种灾难性的政策同各种难以解决的矛盾交织在一起。在衰退和暴力中，总会出现无休止的混乱，于是，(军事上的)"低度冲突"管理理论成为资本主义支配力量解决此类冲突的有力工具。

意识形态和社会思潮

在资产阶级的思想意识里，存在一个持久不灭的野心，那就是：让社会学科成为像自然科学一样严格的科学。后现代主义批评家将这一想法等同于现代主义的思想。在此背景下，作为资产阶级思想基础的社会体系(用简单术语来说，就是资本主义体系)是世界观的产物，这种世界观在经济学领域有极其清晰的体现。现在又重新成为研究热点的韦伯曾经以令人惊异的素朴方式呈现过资本主义社会的自画像。他认为，资本主义包含了理性的社会风尚必胜的趋势，这种风尚的作用是把世界从陈腐的非理性准则中解放出来。

资产阶级思潮把新的经济理性奉为一种绝对价值，试图使新的社会组织形式合法化。在此过程中，它认为新的组织形式是永恒的建构，而且某种程度上就像某些评论家最近非常天真地写到的那样标志着历史的终结。这是一种世界观，其中，进步观念替代了上帝，它是永恒方案的基础。

简而言之，经济决定论总想把社会思想推入理性框架中，而它在这种限制中不可能得到全面阐述。把社会理解为整体，以某种方式指导它的进步，这是我们无法拒绝的迫切要求和渴望。意识形态(作为社会制度支撑基础的价值体系)和科学(关于客观世界影响变革的功能性知识)是密不可分的。例如,我认为,发展概念是一个意识形态概念,它是由发展进程必然导致的社会类型设计规定的。而且,我一直主张,不应当将发展同现代世界的现实相混淆。这些现实与发展不吻合,而是和资本主义的扩张相吻合。事实上,玩弄现代发展游戏的专家、政客和管理者经常混淆这种重要区别,这一事实仅仅突出了他们对潜在的资本主义设计的承诺。同样,女权主义则完全暴露出确立起来的社会"科学"的意识形态基础。他们表明,通过对问题的规定(什么是重要的,什么是次要的),通过有选择地采用那些服务于现有定义的方法论,社会规则是如何把男女平等问题排除在调研范围之外的,因为包含这些规律的社会目标就是使父权式的统治体系永远延续下去。

选自[法]萨米尔·阿明:《全球化时代的资本主义:对当代社会的管理》,丁开杰等译,中国人民大学出版社2013年版,第3～5、64～67、30～38、119、125页。

4. 刘易斯[①]

二元主义与发展策略

增长与波动

我们的研究起源于对一种看法的兴趣,即这些已在阶梯上面上升的国家会带动越来越多的国家同时上升。这种看法并不引人注目,而与它相反的看法——只有使穷者愈穷才能使富者愈富——也许以不同的形式更广泛地为人们所接受。我们的目的是要研究,在这一时期,即在第一次世界大战前的 40 年间,"持续增长"扩散的范围和机制。因此,下面的内容并不是系统的论述,而只是围绕这三个问题所进行的一系列讨论:①增长的发动机(四个核心国的工业生产)是十分迅速而有规律的吗? ②什么引起了"康德拉季耶夫"价格波动,即从 1873 年到 1895 年价格下降,而从 1895 年到 1913 年价格上升? ③如何解释外围国不同的反应?

……

---

① 威廉·阿瑟·刘易斯(William Arthur Lewis,1915—),研究发展中国家经济问题的领导者和先驱,提出的"二元经济"模型理论为他赢得了极大声誉并引起广泛辩论。他曾任加纳共和国总理经济顾问(1957—1959)、联合国特别基金代理人(1959—1960)、西印度大学第一副校长(1959—1963),1963 年应邀到美国普林斯顿大学任教直到 1986 年退休。1979 年与舒尔茨共同获得诺贝尔经济学奖;代表作有《经济计划原理》(1949)、《经济成长理论》(1955)、《经济成长面面观》(1969)、《国际经济秩序之演化》(1978)等。

核心－外围关系不仅是技术和经济的,而且也是政治的。帝国主义者告诉我们,核心国对外围国的最好贡献就是一个好政府。反帝国主义者坚持认为,帝国是好的,但在一定的时候它活得太长了,以至于不能适应发展;即帝国实际上通过禁止某些活动或者把发展纳入有限的潜力范围之内而限制了发展,或者说它在实际上降低了生活水平;甚至从扼杀人民的积极性意义上说,是反发展。因为殖民地是被用不同的方法统治着——"殖民体系"是另一个神话,至少可以用一个殖民地来对这个范围内的每一个好的或坏的地方命名。此外,反帝国主义者强调,获得殖民帝国的要求来自于经济动机——寻求市场、原料或投资机会,或者避免被其他国家所排挤——这是资本主义内在逻辑的一部分,而不是像儿童历史书所写的那样,是给落后人民带来文明与宗教的冒险活动。我们所关心的是殖民帝国对增长或限制增长的影响。但是答案要比帝国主义大国的数量还多,因为不仅是帝国主义国家之间不一样,而且同一个帝国主义国家在不同的殖民地也实施了不同的政策——最明显的例子在肯尼亚和其邻国乌干达就推行了截然相反的政策。因此,在探求增长与限制增长的原因时,必须分别研究每个殖民地的情况,不要让所有的殖民地都适应一个统一的殖民地模式。没有一个殖民地宗主国帮助它的殖民地实现工业化,但在可能促进或限制发展的每个问题上——教育、转让土地、鼓励小农、就业歧视、基础设施投资——它们的政策是多种多样的,就像外围国中自治国家的政策那样广泛多样。

增长率

核心国作为一个整体来看,无论是由于消费不足,人均资本增加,还是由于国内不平衡增长,都没有因为投资的生产率递减而受到损失。它们在粮食与原料方面对外围国的依赖也很小,而且,这些国家也没有受到不利的贸易条件的威胁,除了在 1900 年以后略有一点影响而外。他们在外围国的投资并不是由于国内的技术机会已经耗尽。核心国的增长率并没有受到对外贸易的限制。在热带国家中初级产品过分专业化的倾向之所以被扩大,在一定程度上是因为它们的进出口贸易被外国商人控制。可以获得高额利润的热带投资分布在批发系统、银行、船运和保险业中。铁路、种植园、矿山和制造业的利润比较多变而有风险。利润是再投资资金的主要来源。如果商业利润在本国人手中多，那么国内的再投资也就会多，而且几乎可以肯定会更关心发展国内制造业。外国人在所有三个洲的批发商业中都起了主要作用，而他们在亚洲和非洲的副作用要比在拉丁美洲大一些，在拉丁美洲，外国人更加倾向于决定长期定居并加入该国的国籍。

应战

外国人控制了这些国家大部分贸易的原因，部分是经济的，部分是文化的，而部分则是政治的。从经济方面看，由于贸易有风险，大规模经营是有利的，而且小经营者很容易由于经济状况不佳而破产。因此，贸易总是集中在少数大企业手中。从文化方面看，自17世纪以来，欧洲人就一直经营着大型海运和贸易企业；在这方面，也和在银行和保险方面一样，他们比拉丁美洲人和非洲人领先，不过并不比中国人或印度人领先。在巴西人、埃及人技术可以的情况下，驱逐外国人是非常困难的（正如在巴西所看到的情况那样）。政治因素更加复杂，某些帝国主义政府为了本国人故意损害当地人和其他外国竞争者的利益。无论由于什么原因（以及各种不同原因的混合），利润最大的企业（批发业、银行、航运和保险）总是在外国人手中，这肯定会减少能投资于国内制造业的资金和企业。还有一点补充：政府应该重视工业化，通过提高关税，以便用这种保护性政策使幼稚工业增加竞争能力。但是，这种解决办法要以工业家集团控制政府为前提。然而正是一个国家出口成功的事实建立了一个完全以初级产品生产为主的既得利益者集团——这些人中，小农并不比资本家少——他们反对工业化的措施，这可能是因为工业化利用了农业中的资源并使生产要素价格上升，也可能是因为工业化的结果是提高了制成品的价格。因此，最终的结果要取决于工业集团与农业集团的相对政治力量。

……

因此，像这样的成就已经超出了仅仅是国民收入的高增长率。发展中国家关键的问题是要奠定将来发展的基础。热带国家所做的最好的事就是把世界贸易的扩大作为现代化的机会，为自己去建设铁路、公路、港口、自来水，去建设城市、学校、医院，去培养一个有专业有文化的中等阶级，去改善它们的经济、法律和政治制度，并在这一过程中建立新的制度。这些是进一步增长的基础，而且应该按这些项目而不是按当前生产的数字来比较和确定这些国家的成就。在第二次世界大战以后的 30 年来，我们已经习惯于看到某些热带国家人均增长 2%～3%，从而认为它们与欧洲和北美的情况相当。这种看法使全世界吃惊，因此要采取完全新的形式。但是这只是恢复了在 19 世纪 80 年代已经开始，而且一直延续到 1914 年战争爆发前的现象。由于那场战争，热带国家陷入了停滞状态。在 20 世纪 20 年代，贸易条件不利于它们，30 年代的大危机使它们的状况恶化，而 40 年代它们又被第二次世界大战所孤立。25 年的缓慢或者零的发展时间之长足以使世界忘记了过去所发生的情况，因此认为以前什么也没有发生当然是合乎情理的。

……

回到我们的出发点上来，核心国的工业革命以两种方式向外围国提出了挑战：仿效它和与它进行贸易。贸易的选择作用是有限的，这不仅是因为贸易量都没有那样大，而且还因为按不变条件来说，简单贸易本身不能带来许多财富。贸易的最大优点在于它能为转向更有价值的选择创造条件，这种选择就是仿效核心国进行农业与工业革命，并从而提高生产率。工业国的出口开始是有益的，因为这样可以有一个奠定发展基础的间歇机会——得到基础设施，建立学校、现代经济制度，等等。但是正如温带殖民地国家的情况那样，只能把这种选择看作是一个通过人均产量的不断提高来开始自身持续增长的基础。长期的增长发动机是技术变革；除了在开始阶段奠定发展基础之外，国际贸易不能代替技术变革。

　　选自［英］威廉·阿瑟·刘易斯:《增长与波动》,梁小民译,中国社会科学出版社 2014 年版,第 3～4、21～22、30～38、163、255、279 页。

5. 库兹涅茨①

总体增长与生产结构

生产率增长的源泉

　　尽管有种种度量上的困难,国民总收入及其组成成分的长期记录,在探索各国现代经济增长的普遍的和变异的特征时,仍然是必不可少的。此外,现存的估算,比之迄今曾尝试过的其他方法,能够得到更充分的比较分析,从而揭露出更多的事物。认识到了这种设想和困难,并事先在思想上有所准备,能学到的东西就可能多一些。……现有的数列中所表明的现代经济增长率是高的,而这些增长率中间的差异遮蔽了这些概念的偏斜,至少当概念是粗略地近似的时候会这样。而且,偏斜会部分地相互抵消:有些倾向于提高增长率,另外一些又会降低增长率。总之,反映在国民总收入常规度量中的相似点和差异是真实的,并已为经济大势和各国之间经济财富的差异的研究者所普遍承认。通过经济增长率或按人口平均收入不同所表示的满

---

　　① 西蒙·史密斯·库兹涅茨(Simon Smith Kuznets,1901—1985),美籍俄裔经济学家,1971 年诺贝尔经济学奖金获得者,被誉为"美国的国民生产总值之父"。他对经济增长的分析,被西方经济学界认为揭示了各发达国家一个多世纪的经济增长过程,历任纽约国民经济研究所研究员、宾夕法尼亚大学教授、约翰·霍布金斯大学教授;代表作有《商品流量与资本形成》(1938)、《1869 年以来的国民总收入》(1946)、《经济的变化》(1954)、《现代经济增长》(1966)、《各国的经济增长》(1971)、《人口、资本和增长》(1973)、《增长、人口和收入分配》(1979)等。

足需要的能力的差别,不是统计上的假象。在流向消费者的商品量中、在人们所能运用的真实资本的贮存量中,以及在为使社会成员免于物质上的不安全所提供的保护中,都可看到它们的体现。虽然我们的度量是在概念的偏斜下进行的,如果要获得用数量表示的结果,度量就要有必不可少的基本准则作为依据,逻辑上一贯的概念的偏斜正是这种度量的重要意义的证明,而不是其否定。

　　……

　　作为现代经济增长特征的人均产值的高增长率,究竟是起源于人均生产要素(劳动与资本)投入的高增长率,还是起源于生产率的高增长率呢?……由于人均劳动者人数很少增加,也许每年不到1%,按总人口平均的人时总投入量在我们所考察的长时期内必然每10年要下降2%~3%。因此,按人时平均的产值较之人均产值在长期内的增长速度必然较快。但是这里重要的一点是:工作人时数的增加不可能对人均产值的高增长率有所贡献。资本投入的增长率可以从一系列可再生产的和不能再生产的资本量(前者是减除累计折旧后的净额)中求得。正如即将予以说明的,资本利用的时间则不考虑在内。简言之,尽管把净资本形成率定为三倍这样有利的条件,结果,人的贡献只是有限的一小部分,仅占人均产值增长的五分之一至四分之一。其差额可归因于生产率的增长。从而,在公认的国民经济核算体制和基本的人口统计以及控制劳动力供给、资本积累和初始资本－产值比率的制度上的过程这样一些已知假设下,这个主要的结论,亦即作为现代经济增长显著特征的人均产值的高增长率,绝大部分应归因于生产率的高增长率,这将是无可置疑的。

　　……

　　以上总结的结论中有两条值得进一步探讨:人均产值和生产率的高增长率;生产结构的高变换率。我强调:发达国家在现代经济增长时期的总体增长率和生产结构变换率都比它们在现代化以前高得多,更不用说要比欠发达国家在最近一个世纪到一个半世纪时期的总体增长率和生产结构变换率高得多了。人均产值和生产率的高增长率与生产结构的高变换率之间的历史联系,从发达国家的经验中得到肯定的证实,而为欠发达国家的经验所否定。在探索隐藏在这一联系后面的因素之前,我再次强调产值和劳动力两者的部门结构资料的严重局限性,这在前面已有所触及,由于现有的部门结构资料在分类中未能揭示技术上的新情况,从而使这些资料有很大的局限性。由于工业技术高度的和加速的变动率是现代时期人均产值和生产率的高增长的主要源泉,并且也是引起生产结构惊人的改变的主要因素。在现有的部门分类资料中未能把新的行业从旧的行业中区分开来,以及未能把那些受技术革新影响的行业区分开来,都是令人失望的。在部门结构的资料中,如果把农业和制造业以及专业性服务等在技术上的新成分和旧成分区分开来,这将大大有益于现代经济增长的分析。在易于取得的资料中未能做到这一点并不是意外的。它们反映了对区分各种成分的自然趋向。它们对部门内的各种成分是根据其规模大小、生产所需的制度条件、这些产品在需求的急速性和优先性级别中的地位等原因的重要性来做这种区分的。技术革命与革新只是事物的一面,而且是难以区分和计量的一面。其结果,生产结构真实的变换率及其与总体增长的高比率间的联系都严重地被低估了。

……

　　鉴于人均产值与生产率的高增长率和生产结构的高变换率这两者在现代时期的历史联系,总括的研究可以集中在两种见解上:首先,假若人均产值和生产率的高增长率是与用新知识和技术革新(它大部分来源于科学)大规模地应用于生产问题上相联系时,生产结构的变换率大致上也是高的;其次,根据第一种见解,把新知识大规模地应用在生产问题上和人均产值和生产率的高增长率导致了生产结构的高变换率,那么反过来说,它对有用的知识和科学本身的(现代经济增长中起重要作用的因素)贮存的高增长率又是绝对必要的,这样就可以在高比率下导致人均产值和生产率的进一步增长。显然,这类见解是无法加以证明的,但讨论是能够间接地表明总体增长和生产结构间的相互关系的,如果对这些关系进一步加以研究,就能为经得住检验的理论提供基础。

经济和非经济的结构的变化

经济结构变化的普遍特点为:经济结构的变化必然导致人口统计形式(出生率和死亡率、家庭结构、人口的地区分布等)的变化,导致法律和政治制度以及社会意识形态某些因素的变化,这样就联想到两个结论。首先,人均产值和生产率的高增长率是与经济结构的改变紧密地联系在一起的,而且是确实需要的。经济结构的变化则是与人口结构、与法律和政治制度、与社会意识形态的变化紧密地联系在一起的,而且也是确实需要的。因而,在与现代经济发展相联系的高增长率和一系列不仅是经济的而且是社会的、不仅是制度的而且是意识形态的结构变革之间,是有着某种联系的。这并不意味着:在经济的和社会结构及意识形态中所有这种历史性联系的变动都是必要条件,并且它们没有一个是可以避免可以取代的。这的确意味着,某些结构变化,不仅仅表现在经济上而且表现在社会制度和信仰上,都是必需的,没有这些,现代经济增长是不可能的。第二个结论涉及的是社会结构中某些方面比现代以前的过去时期更高速的变化——与经济结构变化的形式相类似。这个结论看来对某些易于计量的非经济的数值是有效的。例如,人口统计变数的变动率,如在发达国家的出生率、死亡率和都市化速度的变动率与西欧在现代发展以前更长远的过去时期的变动率相比要高速得多。与此相对照,对其本身不能计量的政治或意识形态过程,要检验这个推论就难了。而且很可能是,所谓困难,与其说是计量方面的,毋宁说是现实的迅速变化方面的,而这正是这些非经济的、非人口统计的社会制度和信仰的特征。实际上,它们正是发达国家在现代经济增长中所产生的某些主要问题的根源,同样地,它们也是这种增长在整个世界缓慢展开的根源。

结构变化的连锁影响和增长

上述讨论已一再提到了在现代经济增长形式中一长串的连锁影响，第一，是从有用的知识和科学的累积到技术创新、生产率的增长、生产结构的变化、经济结构的其他方面的变化、政治和社会结构以及信仰的变化，以及随着它们对需求的影响又返回到改变生活和工作条件；另一个是从科学到技术、创新，到更多的学问、更多的科学，等等——一切都将视经济和社会条件而定。这些经济和社会条件决定创新被应用的广度将有多大，从而将会取得多少新的知识，以及为了知识、科学和技术的进一步发展将会创造出什么样的新工具。总之，对作为现代经济发展特点的增长和经济及社会结构变化的这些一长串连锁影响提出某些独具的特征，可能是有益的。首先，经济增长过程中的结构变动引起的改革，贯穿于整个社会母体组织中，而不单单是在经济活动和经济制度中。新的经济效应正是从这种社会母体的普遍改造中出现的。据此，与经济变化及其经济结果有联系的经济度量，可能会被许多非经济环节分隔开。经济分析要达到完整性，大部分是要靠对这些介于期间的变量加以限制性的假设。

第二，上面阐述的这种类型的连锁影响，其扩展是要相当长的时期，要经历许多环节，其中任何一个在传递过程中都允许有某些偏移，因此结局的影响（所谓结局只是指我们对该连锁影响选定在环节上终止的意思），是一定时期的一组复杂可变的连锁关系的累积结果。在这一时期，其他的连锁影响也许已经出现，它们同样也影响经济和社会生活，从而影响我们要在该处终止的特定的连锁影响。任何要有把握地来预测这种连锁影响，几乎都是不可能的。今天回顾起来，历史充满着对某个一定创新的效果的荒谬可笑的错误预测。……预测重大创新的长期影响，其困难是因为从科学发现到在未来时期可能由其引起的技术创新之间要间隔很长的和可变的距离，在这个间距中也会并行着类似的一长串连锁影响的问题。

第三，对一定的重大技术创新长期的后果做出完整的和相对可靠的预测近乎不可能性,这意味着不仅不能预见到有利的或中性的结果,而且也不能预见到不利的结果。要用史实记载来证明在以往历史中预见的这种失败,就需要对这种记录进行详尽无遗的调查以证明因缺乏这种明确指明的预测,使事先未有足够的时间以改变事件的进程。在任何情况下,要证实这样的否定是困难的,而在这里是不可能的。

第四,即使某些消极的后果在开初就能预见到,要采取迅速的果断行动来防止它仍受到两个因素的抑制:预测的不确定性和对新产品的高度评价。前者使人们在大大减低其实质的影响(积极或消极的)下来看待某个预测;后者是在技术创新(及其相联系的结构变革)的早期阶段,同时代的人加在新产品上的。

选自[美]西蒙·库兹涅茨:《各国的经济增长》,常勋译,商务印书馆1999年版,第3、12、78、92、396~397、406~442页。

6. 佩鲁[①]

综合性发展观

综合性发展观

我个人的信念是,对发展问题的注意预示着经济学及其所应用的分析工具领域中的各种根本变革。其要点在于,发展同作为主体和行为者的人有关,同人类社会及其目标和显然正在不断演变的目标有关。一旦接受了发展的观念,就可望出现一系列新的发展,与之相应的是人类价值观念方面的相继变革,在历史上,这些价值观念正是以这种方式转化为行为和活动的。……新发展是"整体的""综合的"和"内生的"。……第一代英国古典经济学家非常正确地以整个世界和全人类作为他们的研究领域。但他们把带来普遍和平的能力归之于工业,把按照"经济效益"要求和"可行的"正义要求分配资源的能力归之于市场的扩大,这就把人们引入歧途。

人民大众要生活,但不具有手段;他们需要的是,对英国古典经济学家的遗产及其不肖子孙新古典主义的前提和后果进行彻底的重新审查。……他们的记忆和对其规划的看法,就不可能原封不动。一个不随光阴流逝而

---

① 弗朗索瓦·佩鲁(Francois Perroux,1903—1987),法国经济学家,曾任教于法国里昂大学、巴黎大学,是法国学派学的领军人物。1955年,他提出"发展极"理论,1982年,提出"新发展观",他的代表作《新发展观》(1982)是受联合国教科文组织委托而作的。

变化的人,只能是个抽象的概念,应把这种概念从现实中清除出去,而且应比抛弃永不磨损永不腐烂的客体概念更加坚决。不可逆的时光使万物更新:当新事物不利于行为者或令他失望时,它们至少会驱使或刺激行为者,行为者不是使自己适应新事物,就是相应发明一种新战略以改造自己的环境。这些新的趋势,依据经济的复杂程度和在社会等级制度中居于不同位置的人们的能力,在或大或小的规模上引起各种变化。就经济学而言,这些变化正是那些鼓吹均衡和静止状态的理论家们曾极力置之不顾的,因为他们总是不能把这些变化完全纳入他们以数学语言表达并使之形式化的过分简单的模式中去。

  ……

  物质利益绝不是造成社会冲突的唯一动因。正在为其个性和尊严、为获得该社区的尊敬、为赢得社会对其职业的重视而奋斗的人们决定着这些冲突是否发生,或是这些冲突是否被大肆渲染。在工业化国家中,由于这些人对社会运行方式有某种体验,因而他们尽力使社会竞争规则俯就于他们的利益。即使是经济分析,也不得不同作为理性和道德实体的人发生关系。……经济体系总是沉浸于文化环境的汪洋大海之中,在这种文化环境里,每个人都遵守自己所属群体的规则、习俗和行为模式,尽管未必完全为这些东西所决定。……至于不平等,这个问题并不像通常想象的那样理所当然,而是需要进行更彻底的调查研究。减少不平等现象只是个临时性目标:它在转变时期是有用的,但提出这种建议的人必须证明这一目标同我们正在努力实现的状态有关。如果这种状态具有报酬与职责平等的特征,能否认为它是值得我们孜孜以求的呢?有种种理由对此表示怀疑。综观全部历史,任何社会中都可以看到职责与社会地位的不平等,在这个规律面前,这种不平等同平等并不是水火不相容的,它的基础是技能、能力和培训方面的不平等。就其最丰富最持久的方面而言,这种不平等与社会等级密切相关。至于薪金和工资方面的等级,它反映的是专业化和职业培训的成本。在那些因自身缘故而充满战斗精神的社会里,存在着一种潜移默化的危险,它把平等主义理想与人类尊严和价值方面的平等原则混为一谈。

理论公式

　　过去百年间人们普遍信奉的一般经济理论，是由那些专门为靠外贸和金融繁荣起来的英格兰著书立说的讲英语的作者，根据发达国家的经验制定的，它反映着来自统治阶级的暗中压力。这种在很多方面显然是规范的一般理论以其前提和结构为其所产生的国家的利益服务；如果不加批判地在发展中国家应用这种理论，就会损害这些国家，因为这些国家事实上必须依赖的"市场"，是一个它们在根深蒂固的、普遍而且持久的不平等背景下参与的市场。……我将证明，今天人们广泛信奉的所谓"一般"理论，在解释发展中国家的典型事件、指导它们的经济政策方面毫无作用，有必要对这些理论做彻底修正。

　　……

　　瓦尔拉和帕累托均衡理论的基础是那些小单位（个人和商号），它们受制于自己绝无能力控制的价格，这种价格向他们提供所需的全部信息，他们根据这种信息改变生产量以做出某些必要的调整。以最佳方式充分利用资源，是通过确立供给等于需求的个别平衡从而提供一个一般均衡价格的方式来实现的。货币变成了简单的硬币和纸币，或者仅仅是另一种在一个抽象均质空间中使经济计算和交换在任何点上都成为可能的商品。这种实际上以小单位（或商号）全都彼此独立为前提的理论，是与观察和经验背道而驰的。但由于它与拉格朗日古典力学的均衡论相联系，由于它的等式体系，这种理论曾被作为"纯粹的"理论而得到发展。……简言之，这个模式用机械类比法描绘了一幅具有完全竞争的纯市场情景，它同发展中国家普遍存在的条件正好相反，这些条件只有通过发展中国家的精英和人民为改变其当前和未来环境而进行的共同努力，才能在这些国家现状的范围内形成。如果发展中国家真正要理解一般的均衡理论，它们就会发现，这种理论所追求的（虽未取得有意义的成就）是对事物如何在一种均质的环境中运动做出一种机械的阐述，它不会承认生命和历史各自遵循其规律在其中发展的人类环境实质上是异质的，不会承认在这种异质环境中的各种活动的组合。

……

《就业、利息与货币通论》(1936年)是在给联合王国造成严重影响的萧条时期(1929—1933年)之后不久写成的。通过自己国家日渐衰败的霸主地位和陈旧的结构，凯恩斯觉察到困扰着他的祖国的各种困难，认识到一种以自由的市场和资本权力为基础的经济体系的种种问题，并且意识到"资本主义的没落"。但他从根本上给予明确考察的结构、历史力量和结构失衡，既同不列颠经济无关，也同其他的经济无关。他的诊断是直接以他选择的观察领域为条件的：即那些存在有资本市场、货币市场和以复杂的金融和银行制度为后台的工商企业的国家的经济。他提出的治疗方案或一系列补救措施同他的诊断一致。经验已表明，就发达国家而言，它的效果是值得怀疑的……其他一些研究成果也表明，凯恩斯平衡增长模式不适用于发展中国家。

功利主义

在就政治经济学写完一篇长篇论文后，穆勒在一份篇幅不大、论证严密的方法论论文《功利主义》中阐述了他的学说。对穆勒的功利主义和J.边沁的功利主义，通常要加以区别，后者认为所有人类活动都可以被简化为计算快乐与痛苦，这不是重复某些哲学，就是某些哲学速写式的反映。把这类"幸福"扩展到尽可能多的人并不能使这种情况有所改观。后一种限制使这个理论凌乱而笼统。有些评论家已指出了边沁思想与当时盛行的各种观念相比的激进方面。但是，尤其是在工业资本主义还刚刚产生的时期，要求统治阶级或国家去做所有它们能做的事，不是显得对它们要求过高了吗？特别是当人们考虑到，边沁并不关心道德问题，或者说，即使他关心的话，也只是私下论述或过于谨小慎微的。我们现在的思想氛围与穆勒的时代完全不同，这种变化就在于传统哲学要求正确方向，它所导向的被认为是人类固有属性的理性价值。

……

本书从一开始就表明它的目的是确立一个能被我们的"理性才能"所把握的善与恶的标准——它本身既不是快乐,也不像这个时代的某些道德家所担心的那样是与快乐相反的用途。人生活的唯一目的是其理性、感性和道德情感所领悟的幸福。有些快乐比另一些"更有价值"。对智者来说,就是判断并说出哪一种快乐与发挥我们的高尚才能有关。……重新读一下穆勒的著作,可以使我们更深刻地理解他的基本意图,但也对他使用的词汇产生了某种忧虑。他的意图是道德的意图,是追求一种严格的、无可置疑的高尚和美德。……这个与其说是依赖苦行不如说是依赖节制的、高尚但并不严峻的学说,也蒙受了真理衰退之难。即使最深沉的冥思默想也不可能脱离思想家周围的社会而独处一隅。把穆勒以哲学术语表达的观点作为当代英国贵族及其热心模仿者中最受尊敬的代表人物所特有的生活理想,这并不武断,穆勒希望看到这一理想在人民大众中广泛传播。果真如此,贯穿在穆勒著作中的暗含的告诫或明确的证明已经逐渐丧失了其中肯之处和说服力量。血统贵族的重要性已经下降,他们在被疏远的人民中引起暗淡模仿的威望及权势肯定也已没落了。社会环境发生了天翻地覆的变化,就整体而言,追求平凡的幸福已获得日益增长的号召力,这种号召力并不像我们的作者所赋予它的那样同高尚的价值观念联系在一起,有"法定资格"的法官中的佼佼者把这种价值观念想象为幸福的标准。

……

第二次世界大战带来的道德混乱加速了原始功利主义蜕变为腐朽享乐主义的过程,这一过程是对今日欧洲各国社会的惩罚。它们宁愿沉迷于吸毒和悠闲自在地寻欢作乐,而不愿如实地通过以具体化为基础的方案并从近似于社会冲突中有效武器的那些种种牌号的意识形态着手去留意各类哲学。在这一领域中的抉择无论怎样困难、怎样带有主观性,我们都认为,在世界迫在眉睫的急剧动荡迫使人们进行的研究工作中,可以而且应当从卡尔·马克思的实践哲学中、从基督教的行动哲学中(产生于莫里斯·布隆代尔的个人人格至上）中汲取宝贵的训诫。

经济利益与文化价值的潜在冲突

发展的目的绝不是要强迫人们不情愿地像牛一样被喂养，或者永远作为小孩来抚养，也不是要通过把今天的人们压抑在受国家政策强制的计划机构中来寻找后代人的最终解放，而是要通过共同的努力，使人们能够自己养活自己，有意识地自己教育自己，并且不用暴力来实现自己的解放……如果我们不从理性和精神的更深的层次上认真对待政治上与经济上的各种争论，那么对各种发展问题的解决就难免是肤浅的。由于西方的经济活动与文化价值的关系若即若离，而这些文化价值是被一再颂扬的而不是体验到的，因而，西方总是向发展中国家出售技术以扩展其科学与经济核算的技术。然而，无论怎样尽力把人的各种因素引入核算，这种核算绝不能考虑人各种各样的、无限复杂的方面。从直接的经验以及分析中我们知道，正是这些方面使每一个人、每一个人类社会总是显示出自己的特点。文化是混合的、具体化的，然而又是内在的、本质的，它是通过存在环境与意识的不断交换而起作用的，也可以引用许多其他例证来说明在抵制经济侵略中的文化力量。总之，一旦抓住了如下两点，这种观点就会得到最为直接的证实：第一，经济现象和经济制度的存在依赖于文化价值；第二，企图把共同的经济目标同他们的文化环境分开，最终会以失败告终，尽管有最为机灵巧妙的智力技艺。

选自［法］佩鲁：《新发展观》，张宁、丰子义译，华夏出版社 1987 年版，第 1～5、18～19、36～47、95～101 页。

7. 森①

以自由看待发展

序言

我们生活在一个前所未有的丰裕世界中,在一二百年前这是很难想象的。……但是我们生活的世界仍然存在大规模的剥削、贫困和压迫。不仅有老问题,还有很多新问题,包括长期的贫困与得不到满足的基本需要,饥荒和大范围饥馑的发生,对起码的政治自由和基本的自由权的侵犯,对妇女的利益和主体地位的严重忽略,对我们环境及经济与社会生活的维系力不断加深的威胁。许多这样的剥夺,都可以以这样或那样的形式,在富国和穷国观察到。

克服这些难题是发展的中心目标。本书论证,我们必须认识到各种形式的自由对于解除这些苦难所能发挥的作用。的确,个人的主体地位,最终说来,对消除这些剥夺具有中心意义。另一方面,我们每个人所拥有的主体

---

① 阿马蒂亚·森(Amartya Sen,1933—),印度经济学家,先后在印度、英国和美国任教,1998年离开哈佛大学到英国剑桥大学三一学院任院长。他曾为联合国开发计划署(UNDP)提出人类发展报告的设计,当过联合国秘书长的经济顾问,并因为在福利经济学上的贡献获得1998年诺贝尔经济学奖;代表作有《技术选择》(1960)、《集体选择与社会福利》(1970)、《论经济不公平》(1973)、《贫穷和饥荒》(1981)、《以自由看待发展》(1999)等。

的自由,不可避免地被我们可能得到的社会的、政治的和经济的机会所规定和限制。个人自由的主体地位与社会的安排之间有很强的互补性。重要的是同时承认个人自由的中心地位和影响个人自由的程度和范围的社会因素的力量。为了解决我们面临的问题,我们必须把个人自由视为一种社会的承诺。这是本书试图探讨和考察的基本思想。

按照这一思想,扩展自由被看成既是发展的首要目的,又是发展的主要手段。消除使人们几乎不能有选择;而且几乎没有机会来发挥其理性主体作用的各种类型的不自由,构成了发展。本书将论证:排除严重的不自由对发展是有建构性意义的。然而为了充分理解发展与自由之间的联系,我们必须超越上述的基本认识(虽然它是极其重要的)。在承认人类自由一般作为发展的首要目标这种自由本身固有的重要性的同时,还必须承认自由的工具性作用,即特定类型的自由能够促进其他自由的发展。自由之间的联系是经验性的和因果性的,而不是建构性的或组成性的。例如,有很强的证据表明,经济自由和政治自由是相互增强,而不是(就像有时候被看作的那样)相互对立的。类似的,教育和医疗保健这样的社会机会——它们可能会要求采取公共行动——补充了经济和政治参与的个人机会,同时也有助于培育我们自己的能动性来排除我们各自面临的剥夺。如果这一思想的出发点是指明自由式发展的主要目的,那么其政策分析的作用在于建立起各种经验关联,使得自由的观点能够作为发展过程的指导性视角,并富有逻辑连贯性和说服力。

本书概括地指出了对经济、社会和政治活动,包括各种机构与制度以及许多相互影响的主体进行综合分析的需要。它特别集中注意某些关键的工具性自由,包括经济机会、政治自由、社会条件、透明性保证以及保护性保障所发挥的作用,以及这些工具性自由之间的相互联系。本书将考察涉及许多机构(政府、市场、法治系统、政党、传播媒体、公共利益集团、公共讨论论坛,以及其他机构)的社会安排,对增强和保障个人的实质自由所能做出的贡献。个人被看作是参与变化的能动的主体,而不是分配给他们的利益的被动的接受者。

市场、国家与社会机会

人们在机构和制度组成的世界中生活和行动。我们的机会和前途严重依赖于存在哪些机构和制度以及它们如何运作。机构和制度不仅对我们的自由做出贡献，它们发挥的作用还可以按照它们对我们的自由所做的贡献来进行合理的评价。以自由来看待发展提供了一个对机构和制度进行系统评判的视角。

尽管不同的论者曾经选择了集中注意某些特定的机构和制度（例如市场、民主体制、传播媒体，或公共分配系统），我们必须把它们放在一起考察，以便能够看出它们与其他机构和制度结合在一起能够或者不能够做什么。正是通过这种综合的视角，才能合理地评估和考察不同的机构和制度，市场机制，它引起人们赞成或反对的激情，是人们通过它能够相互交往并从事互利活动的一种基本安排。从这个角度看，确实很难理解任何合理的批评家怎么能否定市场机制。实践中产生的问题通常是由于：其他原因——而并不是因为市场的存在本身——而导致的。这些问题包括：对运用市场交易准备不足，毫无约束的信息藏匿和缺乏法规管制，使得强势者能够利用非对称的优势来牟利。对这些情况的处理，不是压制市场，而是让市场更好地运作，具有更高的公平性，而且得到适当的补充。市场的整体成就深深地依赖于政治和社会安排。

市场机制在一定条件下取得了巨大的成功，这些条件就是，所提供的机会可以被合理地分享。为了使这种情况得以发生，需要有适当的公共政策（涉及学校教育、医疗保健、土地改革等等），来提供基本教育、普及初级医疗设施、使对于某些经济活动（例如农业）至关重要的资源（例如土地）可资利用。甚至在极其强烈地需要经济改革来允许市场有更大的空间时，这些非市场设施仍然要求细致的坚决的公共行动。

社会选择与个人行为

本章一开始先审视了对于依靠理性争取社会进步——这个思想在本书所阐述的视角中具有非常中心的地位——持怀疑的某些理由。怀疑主义观点的论证特别引用了阿罗著名的"不可能定理":对理性的社会选择的可能性提出疑问。然而我们发现,问题不在于理性社会选择的可能性,而在于运用恰当的信息基础来进行社会判断和决策。这是一个重要的理解,但是它不是悲观的理解。确实,信息基础的关键作用也曾经在前面几章讨论过,也需要根据那些讨论来全面评价信息基础的恰当性问题。

第二种观点对于有意识地追求一定成果的想法表示怀疑,并反过来强调非意图后果的压倒性意义。从这种怀疑主义中也可以学到某些东西。但主要的教训并不是理性评估社会选择是无用的,而是需要预期那些非意图但是可以预测到的后果。问题在于,不要一心只想到意图的力量,也不要忽视所谓的副作用。若干来自中国经验的现实表明,失败并非由于因果性控制上的困难,而是由于固守一种片面的眼界所造成。合理的理性思维必须考虑更多因素。

第三种观点与对动机的理解有关。它采取了这样一种论证方式:人类是毫不妥协地运行自我中心和自利的,给定这个前提,人们有时下结论说,唯一能有效运行的体制是资本主义市场经济。然而对人的动机的这种观点,并没有得到经验视察的支持。同样,以下结论也是不正确的:资本主义作为一个经济体制的成果仅仅依赖于自利行为,而不是依赖于一个复杂而精致的价值体系——它具有很多其他因素,包括可靠性、诚信以及商业信誉(在面临相反的诱惑时)。每一种经济体制都需要一定的行为伦理,资本主义也不例外。价值观确实具有影响个人行为的非常重大的作用。

选自[印度]阿马蒂亚·森:《以自由看待发展》,任赜、于真译,中国人民大学出版社 2002 年版,第 23～25、135、274～275 页。

六

环境经济学

1. 西伯特[1]

环境资源配置与政策

价格与环境

　　本书阐述了自然和作为稀缺资源的环境。过去人们生活在环境资源极充裕的天堂,而现在环境物品和服务已不再有充足的供给。环境为经济发挥了很多功能——提供公共消费品、自然资源和废弃物容纳场所等。这些不同的功能之间是相互竞争的。向环境排放较多的污染物质就会降低环境的质量。要获得较好的环境质量,就必须对环境作为废弃物容纳场所的用途加以限制。因此,环境的破坏和环境的使用是自然配置问题决定的。这就是本书的基本寓意。如果资源稀缺并且无偿使用,就会产生配置不当。把环境严重过分地作为废弃物容纳场所使用,必然导致环境质量的下降。稀缺就要有价。……就环境使用的零价格来说,经济系统没有包含制止环境过度使用和部门结构扭曲的自动控制机制。经济系统没有提供对减少污染的鼓励。相反,它有意支持了损害环境的产品生产。从前面的分析中可以看出,零价格不能导致竞争使用中环境的最优配置。对环境问题的解决

---

　　[1]　霍斯特·西伯特(Horst Sieber,1938—2009),德国经济学家,曾任德国经济专家委员会成员(1990—2003),大部分学术生涯在德国基尔大学任教,曾获得哈耶克杰出经济学奖等多项德国经济学奖项。

办法只能是去确定对环境的哪个竞争需求具有头等重要性。稀缺要求采用价格。在下述的分析中我们考察制度安排,可以通过制度安排确定价格以迫使污染者去考虑由他们引起的负外部性问题。这样我们的问题就是如何能最好地贯彻污染者付费原则。

......

环境质量被看作是由所有人等量消费的公共物品。这一分析的前提是对于环境质量不能界定私人财产权(或者说,即使技术可行,也不应界定私人财产权)。那么市场不能配置环境,政府干预就很必要。政府如何确定所期望的环境质量? 一个方法是假定一个能说明环境质量的效益与成本的社会－福利函数。同样,效益－成本分析就包含着一个作为估价原则的社会－福利函数。另一个方法是以个人偏好为基础估价环境质量。帕累托最优配置要求根据个人支付意愿评估环境质量的个体化价格。如果个人不想暴露他们真实的支付意愿,我们就不得不研究可能揭示和总计个人偏好的制度安排。

......

环境问题的公共物品分析法描述了政府干预的基本论点。产权观念可以作为一 个相反的状况加以考虑。产权分析法提出如果排他的产权被适当界定,公共物品环境质量就能被转换成私人物品并将实现最优环境配置。政府干预如果必要,仅仅是在确定环境产权方面需要。为了减少交易费用,产权也可以用进化的方式演化。对于已明确界定的产权,市场会正确地予以配置。两个分析法都一致认为作为废弃物的容纳场所的环境实际上产权没有被适当界定。环境以其作为废弃物容纳场所的作用成为公产资源。通过确定污染物质排放的产权将环境变成私人物品,两者分析方法是一致的。鉴于公共物品分析法提出,由于公共物品的性质,产权不能被确定,则产权分析法在这方面是更乐观的。

将质量目标转换成个人行为

使用环境政策工具问题是由寻求通过污染者个别决策来达到一定的质量环境目标的制度安排和政策所构成。我们如何能将一个环境媒质的质量目标转换成个别代理人的污染物质排放(和减污)行为呢? 这个问题能够从所有多少相互有关系的经济思想学说的不同角度予以研究。从产权文献的观点看,寻求适当的制度安排就是构建能表达环境稀缺性的新的产权表现形式。在 20 世纪 30 年代,由德国的弗赖堡学院强调的政治规则问题中就曾提出过一个相关的概念。这里的问题是要为一个规定私人活动工作空间的经济系统设计一个参考框架或一套规则。从欧洲传统的经济政策学科看,环境政策工具问题能被看作是一个转换问题,即为达到系统目标而选择最好政策工具问题,另一探讨是委托 – 代理范例。

……

我们可能区分下列工具:①政策制定者通过更仔细地考虑私人决策的社会影响来影响私人主体的目标,即政府试图改变家庭和生产者的定向;②减污被看作是政府活动,它由一般税收提供资金;③政府为了诱导减污活动或者减少污染而发放补助金,补助金由一般税金提供资金来源;④采用制定规章制度的办法,政府明确规定每个公司或每台设备的最大排污量,当公司或设备违背一个环境媒质的质量目标时,政府就不能发给新的许可证;⑤收取每单位排污的价格,目的是诱导减污或采用低污染强度的技术;⑥政策制定者通过固定质量目标来确定可容许的所有污染物质排放的总数量,即对一个环境媒质,污染物质排放权的总和。这些排污权给予愿意支付最高价格的那些人,即在污染许可证的人为市场上在竞争使用者中间进行拍卖。……"搭便车"态度的政治重要性将取决于相当多的因素。在纯公共物品时,就存在着搭便车现象。如果通过适宜的制度安排,例如,通过将公共物品按地区安排,能够将一些公众排除,部分搭便车问题就会消失。总计个人偏好的制度机制具有重要性:一个有比例投票表决体系比多数投票表决体系可能会使特定团体更容易影响环境质量目标。并且,制度的法律框架如宪法保护,公认在极端的情况下,可能由受法律或宪法保护的一个特定个人的偏好确定社会的偏好。

全球环境媒质

全球环境媒质可以被看作是开放可获得资源、一种使用不收稀缺价格的共用品。原则上,每个国家都希望其他国家来关心公共物品问题,使自己能"免费搭便车"。除了搭便车心态之外,还有其他一些特性使这个问题的解决更加复杂。包括:关于全球环境媒质问题,各国或其人民可能有不同的偏好,并可能有其不同的风险见解;即便假定各国的偏好与风险见解相同,世界各国间人均收入差异也相当大,意味着对全球环境存在着不同价格;虽然全球环境可以被看作是人类的公共物品,但如果其质量发生变化,各国也可能受到不同的影响。这表明尽管萨缪尔森定义公共物品是"被所有人等量使用"的(1954),但各国使用者的强度各不相同。例如,全球变暖与其导致的冰帽融化将会对地球低大陆产生负面影响,像孟加拉国和荷兰。如果寻求一个新的制度安排来解决此事,又将产生两个问题:①协定能否达成?②一旦协议适宜,各国能否遵从?

风险与环境配置

在环境问题上,对与环境的不同作用相联系的不同种类的风险可加区别。污染物质的积累、相互作用和空间传输存在着不确定性。这种类型的风险与扩散函数或扩散函数中的变量有关。一定数量的污染物质的损害也存在不确定性。这种损害量可能并不知道,或者损害发生的时间并不确定。如果阈限影响强烈,并且这些阈限影响的性质不能事前确定,可能就出现一个特殊问题。同样,可能存在这样的风险:特殊类型的环境使用是不可逆的。其他风险与环境的吸污能力或来自于消费和生产的污染物质的产生有关。这样,当污染物质不是以规律的方式连续产生,而是偶然随机地发生时，污染物质排放就存在风险（Seveso，Bhopal，Sandoz）。减污以及生产技术的成本可能事前也不知道。

……

这里我们感兴趣的主要是对社会整体把环境作为公共物品对待后导致环境退化的风险。然而环境使用领域的一些风险可能是对特定代理人界定的。例如，在新的政治经济学解释中，想被重选的政策制定者面临着这样的风险：一些个人对环境质量的偏好发生了转变，而他可能还没有正确预期个人偏好的改变。个别污染者，即一个公司，面临着他将对所引起的污染负赔偿责任，或者环境政策工具长期会改变的风险。在对环境配置的分析中，我们已经强调环境作为消费物品与公共物品方面有关，而环境作为废弃物容纳场所则是一种私人物品。因此所有涉及环境的公共物品方面的风险都是社会风险，这里风险转移是不可能的，适宜的方法就是减少风险。然而减少风险的成本可由那些把环境作为废弃物容纳场所使用的人承担。

选自［德］霍斯特·西伯特：《环境经济学》，蒋敏元译，中国林业出版社2002 年版，前言、第 16、50、80、107、137、173、233 页。

2. 安德森[①]等

经济激励与排污收费

环境和价格

应用收费方法抑制环境损害,长期以来一直被视为是对现行直接行政管理方法的一种理论上富有吸引力的补充措施。但是却很少有人研究实施这种政策会遇到的实际问题。本书作为未来资源研究所和环境法研究所的一个联合研究项目,试图通过说明要使收费方案成为实行政策所必须解决的经济、技术、法律和政治问题来填补这一空白。本书的作者们为政策研究做出了特殊贡献,我们确信这些研究成果在将来会产生重要的作用。环境政策研究往往忽视执行过程复杂而又多变的动态性质,而只关注保证立法通过的政治问题和立法方案的预期效果,并简单地假定它们会像预想的那样发挥作用。但本书的作者们则认为立法目标和方案的作用在实施过程中常常会发生变动,因此,他们做了书中这些分析。他们详细论述了其他人所忽略的一个有效的政府面临的重大挑战。这样一条经验,特别对立法者来说,应当是简单明确的。在决定采取一项政策时,必须考虑如何执行这项政

---

① 弗里德西·安德森(Frederick Anderson,1897—2011),代表作有《环境保护:法律与政策(教师手册)》(1984)、《环境保护代表法规与案例》(1995)。

策。本书是要提出一种环境控制战略，在美国，这一战略除了若干有限的小规模试验外还未正式施行过。在这一战略中，立法机构授权对损害环境的行为收费，从而提高继续这种行为的成本。收费有助于引导产生损害的实体采取成本更低、环境方面更可接受的手段达到其目的，并通过这种方式，与大量的各种各样的环境问题作斗争。这些环境问题包括大气和水污染、汽油含铅量、小汽车重量或功率、公路、停车场和娱乐设施的拥挤或噪声、乱扔容器和其他固体废弃物以及各种不希望出现的土地利用方式。

……

当经济系统中的市场功能正常运行时，每种资源应有的价格等于生产该种资源所消耗的资源的价格。在一个经济上有效率的市场中，不可能在多生产一单位某商品的同时不降低其他产品的生产，也不可能在给予某一个人更多商品的同时不降低其他人的所得。但是，还是有很多环境资源没有价格并处于市场之外，原因是对这些资源没有规定所有权，它们也很难被分割成适于买卖的单位，这些宝贵的环境财富（像河流、大气层、地貌特征甚至宁静）被"消费"了，但对它们的利用并没有准确地反映在价格体系中。经济学家把这种使用引起的损害称为"外部性"，因为消耗资源的费用大多由社会负担，而不是由实际的消费者负担。过度使用必然发生的悲剧事实上已经在我们许多重要环境资源领域重演。但是当没有价格却十分宝贵的资源因消耗而产生的损害成为严重的社会问题时（如近年来出现的环境破坏），通过建立私人所有权并不能稳定地保持平衡。大多数情况下，实际上不可能把空气、宁静等类似的东西分割成为市场上可交易的单位，社会也不愿意授予私人利用环境资源的权力。当直接管理是解决这类问题最显而易见的方法时，因为不可能确定资源的私人所有权，我们只有使用市场定价方法的一些变形：立法机构可以给环境资源定价，通过立法控制，试验引进市场上价格机制的功能。

……

在我们强调环境问题的经济学方面时，并不意味所有环境退化的原因和处理这一问题的失误都可以归结到经济学方面。政治、技术、文化、法律及其他一些因素都是出现当前困境的重要原因。我们也同意这种观点，即大多数美国人道德观念的退化，完全自由的、不加分析的思考问题方式，是我们许多环境问题的基本原因。今天，有人认为我们为了一种令人怀疑的繁荣——到处泛滥的小汽车和公路、超音速飞行、太空时代的化妆品、人工食物色素的潘多拉盒子，以及不能降解的包装材料和塑料制品，使得我们的公共资源的负担过于沉重了。

环境利用的定价：三种方法

如果把环境纳入市场体系后原则上会产生上述期望的效果，为什么不尝试由政府对环境媒介确定财产权，消除它们的公共财产性质，让市场接管它们？虽然这类物体的所有权和公司所有权相似，不便于划分为小单位，但可以用股票代表公司使之易于市场交易，环境资源所有权相应可以被划分为类似的人工单位。例如，对一个地区可以规定某种物质的总排放量。总许可排放量按一定单位划分，例如，每年 100 磅，随后的问题是如何分配排污权。一种方法是把排污权分配给可能因环境退化而受到不利影响的人，要求那些要进行有损环境活动的人向所有者购买或租用排污权。一些作者认为这种方式是可行的。另外一些人则不同意。我们属于怀疑论者。怎样确定所有者？赋予多大份额排污权？一个偶然到纽约的新墨西哥州人也给一份纽约的大气排污权？希望使用环境的买主如何找到并向所涉及的数千人当中的每一个人，如果不是数百万人，支付费用？按这个方式建立的市场费用，有时称交易费用，会非常高。

……

因为影响环境质量的单位和个人一般在数量上少于被影响者（显然扔垃圾者和汽车驾驶者除外），有时有人建议把所有权赋予他们。不幸的是，第二种方法也是难以实行的。例如，某地区数千因空气净化受益的人，通过购买足够的排污权以显著改善大气质量是非常困难的。我们又一次遇到交易费用问题。在缺乏大规模集体行动的状况下,这个体系同样面临公共财产问题。如果一个受害的团体采取购买行动,同时就给许多受到排污损害的人带来效益。改善环境的效益等于同一排放对于许多不同的个人所造成损害的总和,因此,与减少排放的费用相比,总体损害费用可能是很大的,但对一个人甚至相当大的群体来说,损害费用就可能非常小。个人或一个群体会发现支出这笔费用并不符合自己的利益。考察一下污染控制的历史,可以发现这类问题的重要性。许多情况下,由于政府错把事实上的所有权授予破坏性利用环境的人,未能保护环境资源公共利益。另外,实际上根本不存在受害者向其排污者支付费用以停止或减少排污行为的情况。因而,环境资源的"股票"市场并不可行。

第三种方法则使我们有可能得到许多空气、水和类似资源的市场配置利益。政府可以直接对所有利用这些资源而产生外部费用的活动制定价格或收费。这将要求那些欲把污染物排入大气或水体,在风景区从事开矿或建筑活动,驾驶高噪音飞机或驾驶产生烟雾的小汽车驶入城市的人,为他们使用公共财产资源的活动支付费用。如果谨慎行事,对于想使用环境资源的个人选择,收费将产生和市场价格同样的效果。在一定程度上,外部费用就会内部化。这种方法和市场体系的主要差别是决定价格水平的因素不同:在市场中,价格是由代表许多个人决策累积效应的供需状况决定的,而环境收费的价格结构仅由政府决策确定。这个体系的作用效果将主要取决于如何进行选择。

……

理论上,对损坏环境活动收取的最优价格是使污染减少费用的增加量和由此产生的损害费用的减少量相等的价格。如果收费费率定得过低,所达到的污染控制水平将不是最优的,因为在控制方面多花一美元,减少的损害费用会超过一美元。另一方面,如果收费率定得过高,用于控制的附加费用将超过其效益。如果能确定每种损害环境活动的最优价格水平,对个人和社会会产生经济合理的结果。市场会把个别的生产和消费活动汇合为供求之间的作用力,这种作用力反映了环境利用的各种费用和生产效率。事实上,比较准确地衡量外部费用并以之作为收费基础几乎是不可能的。我们不完全知道许多活动造成的环境损害的范围和程度。这种损害散布广,经常是小剂量的,长期累积之后才能测出影响。另外,某些类型的损害不易于量化为货币形式的费用。例如,在城市地区,持续的噪音轰鸣是产生实际费用的,但怎样给不愉快或不舒适赋予货币价值呢? 由于在外部费用基础上收费是很难实行的,政策制定者们关心的是以一种更实用的体系尽可能地获得收费方法的效益。

收费的政治学

四种类型的政治问题:第一种是特殊的问题,即收费正在作为重要的政策观点而进入公众议事日程。第二种涉及“利益集团政治学”,权力集团的争议常常受到收费体系的影响。第三种是制度设计问题,这一问题具有重要的政治意义。第四种是讨论一种发展中的收费体系政治学,其中收费体系中的政治作用与义务都是现实存在的,就像从正反两方面对经济、行政与法律做出评价一样,对环境收费问题做出合理的评价也是十分重要的。

选自[德]弗里德西·安德森、阿伦·克尼斯、菲利浦·里德、塞尔日·泰勒、卢梭·斯蒂文森:《改善环境的经济动力》,王凤春、杨延华、韩敏、于之翰译,中国展望出版社1989年版,前言、第1～6、33～37、174页。

3. 皮尔斯[①]等

环境政策与可持续发展

环境与发展

如果以减少贫穷并提高人类的平均生活水平为目的,那么经济增长就一定是各国政府和国际社会的一个合理目标。但是大多数人痛苦地意识到:如果没有给予环境以充分注意——无论是人工环境还是天然环境,经济增长不会是可持续的。这个命题(当然也是本书的前提)以及对它的思考还在继续深化,即便如此,许多人也不同意我们的观点。他们认为增长的极限是由地球的承载力所决定的,特别是由其接纳来自世界经济系统的越来越多的废物的能力所决定的。根据这样的分析,可持续的增长只是一个幻想,或者说只有在增长是递减的,也许是零增长或负增长,直到抵达一个最佳的经济生产水平时,可持续的经济才是可能的。我们同他们一样相信:虽然人类会不断发明新技术,但增长是有潜在的极限的。例如,人口的飞速增长可能很快消掉技术进步带来的收益。然而我们同那些反对增长的人们又确实不同,我们认为通过制定一些富有想象力的政策并使其实施,这种极限是

---

① 戴维·皮尔斯(David Pearce,1941—2005),伦敦大学经济学教授,环境经济学先驱,曾任英国国务院首席环境咨询专家,被联合国环境项目列为"为世界环境事业做出巨大贡献的 500 位荣誉者",著有多部环境经济学著作。

能够避免的,这个世界也不一定会走到尽头。这里的基本思想是很简单的。由于人类社会必须通过提取、加工和消耗自然资源才能存在,所以世界经济与环境有着密不可分、无法摆脱的联系。同时,这些资源又必然遵从物质和能量守恒定律并最终成为废物而排出;但是这种数量上的联系,以及对环境的压力是可以被不断减少的。正是由于这一点,即使允许经济继续增长,经济活动的环境影响还是可以减少的。

……

本书着重于探讨发展中国家面临的问题。我们认为环境质量对于所有国家都是重要的。而对穷国尤为重要。我们通过说明环境退化将导致经济产出的减少,即国民生产总值的减少,以及保证一定的环境质量和一定的自然资源供应是人类健康和福利的基础,来强调我们的上述论点。……将这一系列的论点归结起来如下:第一,环境对于经济以及所有人的福利都是非常重要的;第二,环境退化通常产生于经济过程中,特别是由错误的管理方式所致;第三,环境问题的解决需要通过纠正经济扭曲以及提供保护资源和减少污染量的刺激手段。经济刺激手段在资源保护方面起着重要作用。例如,可以通过确认财产权的办法使得那些使用这一资源的人愿意保护它。财产权于是取代了具有不确定性的所有权,财产权的不确定性妨碍资源的保护。经济刺激也可以利用价格手段。市场价格可以取代专控价格或补贴价格从而更清楚地反映生产的私人成本。随着经济的发展,社会成本的定价可能会以环境税、可交易的排污许可证、可交易的资源定额等来实现。刺激机制将利用市场或通过创造环境资产市场来发挥其作用,因为单纯的、未考虑环境质量的市场本身不能反映环境价值。于是,无论是在发展中国家还是工业化国家都出现了一系列的政策。第一步就是确认财产权——从无到有或从不清楚、不完善到更加明了。第二步通过审查现有的补贴体制、政策,取消那些对资源保护无刺激作用的手段。补贴可以是明显的价格控制,也有可能是为了修饰政府无法通过税收提取资源租金的失误。第三步则是使价格更贴近生产的社会成本。当然,全部政策措施体系要远比这丰富和复杂,对它们的说明与解释将贯穿于全书之中。

……

从一般意义上说,增长的极限的研究方法是 20 世纪 70 年代经济学家们应用方法的延伸。环境经济学专业文献的主体部分对建立经济增长模型做出了贡献,在这类模型中,资源与劳动、资本一起构成生产要素,有时也作为人们从舒适性而得来的直接福利的来源,例如美丽的景观提高了人们的生活质量。本书试图假设在可耗竭资源和可再生资源的存量是一定的情况下找到经济增长的最佳或最优路径。在本书里,最优增长被定义为使未来的消费现值最大的增长(未来的人均消费水平的折现)。本书的一个重大发现是:当贴现率非常高的情况下,这种最优增长同不可持续的增长路径是一致的。从另一个角度说,如果资源利用的决策是建立在使后代福利的重要性最小化的基础上,那么资源的不可持续的利用可能是最佳方案。

……

可持续发展的理念试图提升环境在决策中的重要性,使得社会增加对环境的投资、防止环境退化并赋予环境以较之过去更高的社会收益率。有很多证据表明这确实是事实。第一章对环境在一国范围内造成损害的集中研究为这些提供了证据;第五章则着眼于未来的证据。但是肯定还有其他一些保护环境资本的理由,包括代内公平和代际公平问题。广为引用的可持续发展定义是"既满足当代人的需求又不危及后代人满足其自身需求的能力"的发展。尽管经济学家通常对"需求"一词有许多争议,可持续发展的定义仍然可以用经济学的语言来表述——把幸福或福利替换为需求。需求,通常是指一些特定的需要——营养、教育、健康等。它首先应该在发展规划中体现出来。可持续发展的定义可以重新表述为:当发展能够保证当代人的福利增加时,也不会使后代人的福利减少。这就是所谓的代际公平。这个定义同帕累托关于社会整体改善的观点是一致的。这里,社会是指当代人和后代人。对可持续发展的这一诠释也许可以表述为"帕累托可持续性"(梅尔在 1989 年提出这个术语)。那么这是否意味着我们可以简单地对所有的开发建议项目都通过费用——效益分析的评估——而确定它们是否是可持续发展的呢？……明确的回答应该是要求代际补偿。代际补偿怎样才能起作用呢？它可以通过两个途径：建立一项代际基金，防止资本存量的衰减。

市场失灵与政策失灵

经济学将现代经济管理中的低效率分为两大类。第一类是"市场失灵"——不受政府干预的市场在反映生产的全部社会成本（以生产投入和交易物品的价格为基础）方面调节功能失灵，以及许多投入和产出特别是环境服务的市场存在失灵。如果投入和产出的价格不能反映全部社会成本，经济增长就不能使潜在的人类福利达到最大化。市场失灵一直被广泛应用并作为政府对市场进行干预的依据。……第二类低效率是由政府的政策或干预引发的。当政府对经济进行干预的时候，这些政策或干预的笑脸可能比允许市场自由配置资源的效率低。……外部效益也是有可能但不如外部成本那么普遍。外部影响或外部性，使市场失灵；也就是说，它们是由于市场不能有效发挥其功能而产生的一种扭曲现象（有许多文章说明，当外部性存在时，社会福利不能达到最大化）。市场失灵和政策失灵的区别是非常模糊的。毕竟，政府可以改变市场价格以反映（尽管是大致地反映）生产和消费的外部成本。从这个意义上说，政府没有做到这一点是政策的失灵：他们没有使社会福利最大化。重要的问题在于，即使恢复到自由市场经济也不能达到最大福利。市场很可能需要更好的管理。

　　……

个人对资源的使用或者说拥有权的私有化是最有吸引力的，因为他为个人开发资源提供了刺激。即使公共财产体制是稳定的和可持续的，他们也不一定导致收入随时间的增加而增加。私有化能够为改善土地和资源提供不断的刺激，但是它也同最优资源退化和拥有者之间的外部性的存在相一致。公共财产管理体制确实会发生作用，特别是对于社区的鼓励非常高的时候。

选自［美］戴维·皮尔斯、杰瑞米·沃福德:《世界无末日》,张世秋等译,中国财政经济出版社 1996 年版,第 3 ~ 6、15、51、58、62、173 ~ 174、234、306 ~ 307 页。

4. 奥斯特罗姆①

集体行动与环境保护

公地治理之反思

公地悲剧、囚犯困境和集体行动的逻辑,与一些模型中的概念是紧密相连的,那些模型将观察个人在试图实现集体利益时所面临的许多问题的公认方式做了说明。每一个模型的中心问题都是搭便车问题:任何时候,一个人只要不被排斥在分享由他人努力所带来的利益之外,就没有动力为共同的利益做贡献,而只会选择做一个搭便车者。如果所有的参与人都选择搭便车,就不会产生集体利益。然而如果搭便车的诱惑支配了决策的进程,最终的结局将是任何人都不希望的。另一种情况是,有些人可能提供集体物品而另一些人搭便车。这会导致集体利益的供给达不到最优水平。因此,这些模型对解释完全理性的个人在某些情况下是怎样生产出从所有相关者的观点来看并不理性的结局,是非常有用的。那些在一个实际场景中找到具有公地困境结构的分析人员,常常要求由一个局外人来强加一种解决方

---

① 埃莉诺·奥斯特罗姆(Elinor Ostrom,1933—2012),美国政治经济学家,因对经济治理尤其是公共经济治理方面的分析而与奥利弗·威廉姆森共同获得 2009 年诺贝尔经济学奖,她也是第一位获此荣誉的女性。奥斯特罗姆曾任美国印第安纳大学布鲁明顿分校政治学系阿瑟·本特利讲座教授,也是亚利桑那州立大学制度多样性研究中心的创办主任,还是美国科学院院士和美国政治学会前主席;代表作有《公共事物的治理之道:集体行动制度的演进》(1990)、《规则、游戏和公共资源》(1994)、《作为公共品的知识》(2007)等。

案：实行 X 是解决某种公地困境的"唯一方法"。这种主张是基于这样一种信念：对解决各种特定的公地困境都是必要且充分的。但是 X 的内容却极少变化。一种主张假定，中央政府应该持续地为一种特定资源的统一决策承担责任。另一种主张则认为，中央政府应该放弃对资源的所有权，允许个人在一组界定明确的财产权范围内，去追求他们自己的利益。

……

如果一种主张是正确的，另一种就不可能也是正确的。矛盾的立场决定两者不可能同时都正确。我对这两种主张中的任何一种都不赞同。我认为他们提出的意见都过于表浅。与只存在一个单一问题和一种单一解决方案的看法不同，我认为存在着许多不同的问题和许多不同的解决方案。与能够容易地设计出最优制度安排、并能由一个外部权威以很低的成本去强行实施的看法不同，我认为"把制度搞正确"是一个困难的、耗时的和引发矛盾的过程。这个过程既需要有一整套能在文化上被认同的规则，又需要有关于时间变量和空间变量的可靠信息。为什么有些为解决公共池塘资源问题所做的努力失败了，而另一种却成功了？我们能够从他们的经验中学到什么，从而有助于促进我们发展和使用一种更好的集体行动理论——一种能对增强或减弱人们解决问题的能力起决定作用的关键性变化做出界定的理论？现有制度要么是私有的要么是公共的——或者不是"市场的"就是"国家的"。许多成功的公共池塘资源制度，冲破了僵化的分类，成为"有私有特征"的制度和"有公有特征"的制度的各种混合。所谓"成功"，我指的是这些制度存在搭便车和逃避责任的诱惑的环境，能使人们取得富有成效的结果。一个竞争性的市场——作为私有制度的象征，它本身是一种公益物。一旦形成了一个竞争性市场，个人不管是否为市场的创建和维持支付过代价，都可以自由使用。没有各种公共制度作为支持的基础，任何市场都不能长期存在下去。在现实场景中，公共的和私有的制度经常是相互啮合和相互依存的，而不是存在于相互隔绝的世界里。

……

主张以某种单一方案解决公共池塘资源问题的政策分析人员,对实践中运行的多种制度安排几乎视而不见。集权主义者断言:统一的政府在现实中的顺利运作就如在教科书中设计的那样——以有效的科学理论和充分信息基础确定资源使用的最佳政策,政策的执行是正确的,监督和制裁活动是正常的、无误的。倡导私有产权方案的人认为:最有效利用公共池塘资源的范例,实际上都是对这类资源的使用和控制权加以划分的结果。系统的经验研究已经表明:生产或经营电力、运输、医疗服务这些物品的私人企业组织,往往比政府的企业组织更有效率。关于这方面的文献,可见艾烈希(De Alessi)1980 年的作品。但是在特定的潜在受益人不能被排除在外的行业中,究竟是私人企业还是公共企业更有效率,则是一个不同的问题。我们关心的是,对至少某些潜在受益人不能被排除在外的各种公共池塘资源来说,究竟何种制度类型才能对它们实行最有效率的治理和管理。对公共池塘资源的所有权实行私有化,并不必定与对一个航空公司实行私有化有同样积极的结果。而且,私有化也不意味着对一切都加以"分割"。私有化也可以意味着把获取一种资源系统的产出的权利排他地分配给某一个人或一个企业。许多政策方案本身就是一种隐喻。具有讽刺意义的是,无论是集权论者还是私有化论者经常主张的那些过于简化或理想化的制度,几乎也是一种"无制度"的制度。主张中央管制的人没有告诉我们:中央机构应该按照什么方法来组织,它应该拥有何种权威、应该如何维持这种权威的限制,它将如何获得信息,它的代理人应该如何选择,怎么激励他们做好工作以及怎么对他们的工作加以监督、奖励或制裁。主张私有产权的人也没有告诉我们:各种权利应该如何界定,相关商品的各种属性应该如何度量,谁将为排斥非所有者的进入支付费用,围绕权利的冲突将如何裁定,以及在这个资源系统中的权利持有者的剩余利益应该如何加以组织。

研究公共池塘资源情境中自主组织和自主治理的制度方法

为组织集体行动的所有努力,不管是来自外部的统治者、企业家,还是来自希望获取集体收益的一组当事人，都必须致力于解决一些共同的问题。这些问题包括搭便车，承诺的兑现，新制度的供给，以及对个人遵守规则的监督。一个对在公共池塘资源环境中如何避免个人搭便车，如何实现高水平承诺，以及新制度供给的安排和规则遵守情况的监督的集中研究，也应该有助于理解在其他场合下人们对这些极重要的问题的处理。……在每一个群体中，都有不顾道德规范、一有可能便采取机会主义行为的人；也都存在这样的情况，其潜在收益是如此之高以至于极守信用的人也会违反规范。因此，有了行为规范也不可能完全消除机会主义行为。机会主义行为是所有占用者在试图解决公共池塘资源问题时必须面对的一种可能性。……然而在一些环境中，无所顾忌的机会主义行为严重制约着本不需对监督和制裁协议进行大量投资便可合作完成的工作，只有得到重大收益才能使高成本的监督和制裁活动有价值。因此，减少监督和制裁活动成本的共享规范可被视为用于解决公共池塘资源问题的社会资本。在最一般的层次上，公共池塘资源占用者所面临的问题是一个组织问题：如何把占用者独立行动的情形改变为占用者采用协调策略以获得较高收益或减少共同损失的情形。但这并不意味着要创立一个组织。组织工作是一个过程；一个组织只是那个过程的结果。一个由经营企业的人组成的组织只是从组织过程中产生的组织。

　　……

　　在企业理论和国家理论中，组织集体行动的负担都是由一个人承担的，他的收益与集体行动所产生的剩余直接相关。在两种情况下，都是由一个局外人对合作活动所必需的制度规则的供给承担首要责任。企业家或统治者都对惩罚不遵守企业或国家规则的人做出了令人置信的承诺。正是由于他们是剩余的获得者，当他们与违规行为发生冲突时，对违规行为加以惩罚便是他们的利益所在。因此，惩罚的威胁是可信的（Schelling，1960；Williamson，1983）。监督代理人和国民的行动，保证这些人执行先前的协议也是他们的利益所在。因此，两种理论都讨论了新制度安排如何才能产生，如何才能做出可信承诺,以及为什么必须有监督等问题。虽然企业理论和国家理论能够解决下面这些问题,但是还没有同样充分完备、广为接受的理论,能合乎逻辑地说明一组面临集体行动问题的委托人如何解决:①新制度的供给问题,②可信承诺问题,③相互监督问题。

　　长期存续的公共池塘资源制度中所阐述的设计原则:①清晰界定边界,公共池塘资源本身的边界必须予以明确规定,有权从公共池塘资源中提取一定资源单位的个人或家庭也必须予以明确规定。②占用和供应规则与当地条件相一致,规定合用的时间、地点、技术和(或)资源单位数量的占用规则,要与当地条件及所需劳动、物资和(或)资金的供应规则相一致。③集体选择的安排,绝大多数受操作规则影响的个人应该能够参与对操作规则的修改。④监督,积极检查公共池塘状况和占用者行为的监督者,或是对占用者负有责任的人,或是占用者本人。⑤分级制裁,违反操作规则的占用者很可能要受到其他占用者、有关官员或他们两者的分级制裁。⑥冲突解决机制,占用者和他们的官员能够迅速通过成本低廉的地方公共论坛来解决占用者之间或占用者与官员之间的冲突。⑦对组织权的最低限度的认可,占用者设计自己制度的权利不受外部政府威权的挑战。⑧嵌套式企业,将占用、供应、监督、强制执行、冲突解决和治理活动在一个多层次的嵌套式企业中加以组织。这些设计原则对公共池塘资源及其相关制度的存续性提供了一种可信的解释。我所需要证明的是,这些设计原则能影响激励,使占用者能够自愿遵守在这些系统中设计的操作规则,监督各自对规则的遵守情况,并把公共池塘资源的制度安排一代一代地维持下去。

　　选自[美]埃莉诺·奥斯特罗姆:《公共事物的治理之道:集体行动制度的演进》,余逊达、陈旭东译,上海译文出版社 2012 年版,第 8、18～19、26～28、34、43、46、108～109 页。

5. 佩珀[1]

生态主义的乌托邦

环境主义的界定

绿色主义者认为,"工业"社会立足于如此狭隘的利润最大化目标,进而鼓励过度消费。在对利润的盲目追求下,工业界将其废弃的副产品"外部化"到整个社会中去,而不是为了保持清洁而对此付出代价。考虑到当代大规模的工业化运动,污染严重到令人无法接受的地步。而为了削减成本并保持竞争力,物资在生产与污染控制方面也是有限度的。资源被认为是无限的,但绿色主义者坚称,它们显然是有限的——一个在传统经济学的鼠目寸光中从未被正视的事实。大资本主义、利润最大化、劳动分工、生产线、机械化、去技能化,共同造就了枯燥无味、永无盼头且倒行逆施的工作和了无意趣又单调划一的生活环境。城市与郊区庞大且无人情味,笼罩在乡村地区头上的是生态单一的农业综合企业所制造的风景,它给我们带来有毒且价值很低的食物与水。绿色价值观的核心是拥护生态中心主义,也就是说,其关切的起点是非人类的自然以及整个生态系统,而非人本主义的关注。

---

[1]　戴维·佩珀(David Pepper,1948—),英国牛津布鲁克斯大学地理系教授,生态社会主义的重要代表人物,主要研究领域是生态社会主义和环境政治理论;代表作有《现代环境主义导论》(2011)等。

在"深"生态学中，它们诉诸生命伦理学的观念。生命伦理学认为，不论对人类有无价值，自然本身就具有内在价值。人类因而从道德上就富有尊重植物、动物以及整个自然的义务，它们有权存在并受到仁慈的对待。

激进环境主义中的某些基本议题

总的来说，当绿色主义走向"后现代主义"——将近代以来的文化、预设以及目标斥责为"生态危机"的病因而非良药时——生态社会主义者仍旧相信启蒙运动所做出的许诺：普遍的物质丰富，可持续发展，对所有人来说富足的生活水准。的确，他们争论说，在基本的发展水平与社会正义获得之前，与自然之间的某种令人满意的关系，连同精神上、思想上、情感上令人满意的生活方式——这是所有绿色主义者心驰神往的，不可能出现的。假若在动物与人类利益间面临抉择，通常无疑的是，我们对人类负有人类的忠诚。罗斯断言，自称动物权利的纷争与人权之常规相仿，这是不正当的且反人类的。为了人类的利益，伤害动物可能是必要的，如在活体解剖那里。这就是生物平等主义何以不切实际的原因，甚至也是那些不造成不必要苦难的禁令的问题所在。

……

生态中心主义经济学家对这一设想大多持有异议。尤其是对这样的认识，即自然环境只是对人类活动具有某些公用的资产蓄积而已。第一个功用就是做生产资料；其次就是做一个污水池，中和并吸收废弃物；第三就是提供环境服务，诸如生命、健康、舒适、精神以及审美的受用。生态中心主义者认为这是一种算计式的功利主义与工具性的观点：从某种程度上来说，这是一种线性发展观，即对物质数量的增长的重视甚于对伦理与生活质量的改善。对于更高成就的生命存在而言，这是自私自利的、快乐主义的、固执且粗鲁的。

自然与科学的前现代与现代观念：技术中心论的根源

《生态学人》批驳了《里约宣言》中对环境危机的六种主流回应。第一，环境退化的根本原因不是被界定为美国生活方式之缺失的贫穷，而是美国式的财富。第二，现代化造成了而非解决了人口过剩，它破坏了人们与环境之间的传统平衡。第三，宣言中"开放的国际经济制度"将毁灭掉文化与生态的多样性。第四，污染之类的外部性问题，通过环境定价不可能解决，而是在相反的公地圈占，因此也就无处去进行"外部化"。第五，宣言中对全球管理的呼唤，其实构成了西方的文化帝国主义。第六，将西方技术传输到第三世界中去是最为迫切之举，这一态度有点像西方惯有的科学帝国主义的傲慢——事实上可由此推定，无知与懒惰是第三世界人民的特性。

选自[美]戴维·佩珀：《现代环境主义导论》，宋玉波、朱丹琼译，格致出版社 2011 年版，前言、第 66、119、330、338 页。

6. 梅多斯[①]等

资源限制与增值极限

过冲

过冲(overshoot),意思是走过头了,意外而不是有意地超出了界限。

在大多数情况下过冲几乎不会造成危害,越过很多界限也不会给任何人带来严重损害。大多数过冲情况经常发生,这使得人们学会了在潜在的危险出现之前就避免它或将其危害程度降到最低。例如,你会在踏入沐浴池之前先用手试一下水温。有时可能会出现危险,但这种危险能很快被纠正。例如,如果头天在酒吧喝酒到很晚,大多数人会在第二天早晨多睡一会儿。但是偶尔也会出现带有潜在灾难性的过冲。地球上人口和实物经济的增长就会使人类面临这种可能。这正是本书所关注的焦点。贯穿整本书的难点是我们如何理解和描述大大超过地球承载量的人口和经济增长的原因及其带来的后果。其中涉及的问题很复杂。有关的数据常常是质量很差并且残缺不全。能够取得的科学性迄今也无法在研究者中取得共识,政客之间的共识就更少了。不管怎样,我们都需要一个专门的术语来指代这个星

---

① 德内拉·梅多斯(Donella Meadows,1941—2001),美国环境运动先驱,环境科学研究者和作家;代表作有《增长的极限》(1972)和《系统之美:决策者的系统思考》(2008)。

球上的人类需求和地球能提供的容量之间的关系。因此我们将使用这样一个词——生态足迹(ecological footprint) 。

可持续性

可持续性在我们目前这种"增长崇拜"文化中是一个很"外国"的概念，我们在第 7 章中花了一些时间来对它进行定义，并举例说明一个可持续的世界会是什么样以及它不应该是什么样。我们认为，在一个可持续的世界中没有任何理由让任何一个人生活在贫困中。相反，我们认为这样一个世界能为所有人提供物质保障。我们不认为一个可持续的社会应该是停滞的、单调的、千篇一律或僵化的。它不应该是、可能也不会是中央集权控制的或独裁的。它应当是一个有时间、有资源并且有意愿来纠正错误、进行创新、保持地球生态系统的生产力的世界。它可以更专注于用心提高生活质量而不是没脑子地拼命扩张物质消费和扩大物质资本存量。人口和经济依赖于空气、水、食物、材料以及地球上的矿产资源。他们又将废弃物和污染物排放回地球。所需物质的"源"包括矿产储量、蓄水层和土壤中的养分含量；而吸收废弃物的"汇"则包括大气、地表水体和填埋。增长的物质极限是地球的"源"提供所需物质和能量的能力及地球"汇"吸收污染物和废弃物的能力的限制。

……

在第 3 章我们将考察地球的源和汇的状况。从我们在这一章给出的数据中可以得出两个结论。一个是坏消息，另一个是好消息。坏消息是，许多重要资源的"源"正在枯竭或下降，而许多"汇"则正被填满或正在滋出。照目前这种速度，现在这种由人类经济活动所产生的吞吐流量不可能维持太久。一些源和汇已经紧张到开始通过诸如成本提高、污染负担加重以及死亡率上升等因素对增长产生限制。好消息是，目前这么高的生产能力并不是支撑世界上所有人都维持一种体面的生活标准所必需的。生态足迹可以通过降低人口、转变消费模式或应用更多有效利用资源的技术等得到缓解。

这些变化是可能的。人类已经拥有必要的知识来维持充足的最终食物和服务水平而同时大大减轻地球的负担。在理论上有许多可能的方法将人类的生态足迹带回到其极限以下。

……

我们在本章中给出的证据,加上更多包含于世界数据库中的证据,再加上日常的报道,所有这些都表明,人类经济并不是在可持续地利用地球的存量和汇。土壤、森林、地表水、地下水、湿地、大气以及自然界的多样性正在退化。即便在可再生资源存量看上去还算稳定的区域,例如北美的森林或是欧洲的土壤,存量的质量、多样性或健康状态都处在问题之中。污染正在累积;它们的汇正在滋出。整个地球大气层中的化学成分以可测的气候扰动方式正在改变着。如果一种或者数种资源存量正在下降而其他的保持稳定或是上升,人们也许会争辩说,通过用一种资源来替代另一种资源的方式(尽管这种代替也是有极限的),传统的增长依然可以持续。如果只是少数汇正被填充的话,人类可以用一种(例如海洋)去代替另一种(例如空气)。然而由于许多汇都正被填充,许多存量也正在下降,人类的生态足迹已经超过了可持续水平,因此我们需要有一个更加根本性的改变。我们清楚地看到,存在的极限并不是以世界总产出来衡量的人类经济活动水平的极限,而是人类活动的生态足迹。这些极限在短期并不是绝对的。超越极限并不意味着进入死胡同。最简单的类比是普通渔业,年捕捞率可以超过年再生率一段时间——实际上一直可以持续到鱼的存量被消耗掉。类似的,温室气体的排放也可以持续增长一段时间,即使当可持续极限被突破,一直到来自气候变化的负反馈迫使排放量下降。然而下降是生产量过度之后最终必然走向的方向,或者通过人类的选择,或者通过自然的极限。

臭氧的故事

从臭氧故事里可以得到许多教训,这取决于你的世界观和政治偏好。以下是我们可以看到的一些教训:经常对环境的重要属性加以监测是相当重要的，同样重要的是对监测结果做出迅速的、如实的汇报；政治可以在国际范围内用于把人类活动保持在地球的极限以内；避免对环境造成进一步破坏的国际协议通常既需要工具也需要意愿来制定长期规划；为了有效形成针对困难问题的国际合作，并不要求人们和国家都成为完美的圣人，采取行动也不需要得到全部知识或者科学证据；解决全球问题并不需要一个世界政府，然而却有必要有一个全球性的科学合作、一个全球性的信息系统、一个用于形成特定协议的全球论坛以及用于执行这些协议的全球合作；当科学家、技术人员、政治家、公司和消费者们了解到这么做的必要性时，他们能够迅速地但不是马上做出反应……这或许是为减缓政治变革而故意扭曲事实造成的后果。更可能的情形则是源于对技术进步和社会变革的系统性低估；所能得到的知识不完全的时候，环境协议需要留有余地并定期加以修订。需要经常检测以便跟踪问题，必要时做出调整，以及描绘取得的成就。绝不要假设一个全球问题已经永远解决了。这就是一个关于过冲的故事，也是一个关于人类如何退回到可持续行为的故事。每个人都希望它不是关于崩溃的故事。未来它是不是关于崩溃的故事取决于臭氧层受破坏的逆转程度以及未来大气层的意外是否会出现。它也取决于保持警惕和特殊利益集团及其政党做出努力的能力，以确保对破坏臭氧的化学物质的禁止不会失效。如果这些条件得以满足，那么同温层臭氧洞的升与降，就能够作为面对其他全球极限的努力的一种激励。

可持续社会

可持续的定义有许多种。最简单地说，可持续社会是一个可以世代相传的社会，是一个有非常长远的眼光、非常有弹性、非常聪明而不会去破坏支撑它的物质或社会系统的社会。1987 年，世界环境与发展大会把可持续的理念用一段名言进行了表述：可持续的社会是一个"能够满足当代人的需要而不损害子孙后代满足自身需求的能力的社会"。从系统的观点来说，可持续社会是一个具备足够的信息机制、社会机制和制度机制来抑制导致指数型人口增长和资本增长的正反馈循环的社会。这意味着需要技术进步和社会决策对人口或资本水平做出深思熟虑的、有限的改变,出生率与死亡率大致相当,投资率与折旧率大致相当。为达到全社会的可持续性,人口、资本和技术的组合必须加以配置以使每个人的物质生活水平都是富足的、有保证的并且是公平分配的。为达到物质的和能量的可持续性,经济总量必须满足赫尔曼·戴利的三个条件:可再生资源消耗的速度不能超过它们再生的速度;不可再生资源消耗的速度不能超过可持续再生的替代资源的发展速度;污染排放的速度不能超过环境的吸收能力。

……

人类社会可以三种方式对资源使用和污染排放超出其可持续极限的信号做出回应。第一种方式是否认、掩盖或混淆这些信号。这么做有许多形式,有人声称没有必要去担忧什么极限,市场和技术自然会解决这些问题。另外一些人声称在进一步进行大量研究之前不必费力去减少生态足迹。还有人会想办法把过冲的成本转嫁到那些在空间和时间上距离比较远的人的头上。……第二种回应方式是通过技术或经济手段来减缓来自极限的压力。……第三种回应方式是着手解决背后的根源,向后退并承认当前人类社会经济的系统结构是难以控制的,已经超出了极限,并且濒临崩溃,进而寻求改变这种系统结构的办法。(这就是本书所采取的回应方式。编者注)

……

除非是在罗曼蒂克或最轻浮的语境中,在工业文化中是不允许人们说爱的。一个人如果号召人们去给予他人兄弟姐妹般的爱,号召人们爱整个人类、爱大自然和哺育我们的地球,往往更可能受到嘲弄而不是被认真对待。乐观主义者和悲观主义者之间的最大差别就是他们在人类是否能在爱的基础上采取集体行动的争论中所持的立场。在一个系统地发扬个人主义、竞争和短视的社会中,悲观主义者占绝大多数。我们认为,个人主义和短视是当前社会系统的最大问题也是不可持续的最深刻原因。把爱和同情制度化于集体行动是一个更好的选择。一个不相信、不讨论、不发扬人类的这些优秀品质的文明会遭遇一个悲剧性的有限选择。"人类天性能容纳一个多好的社会?"心理学家亚伯拉罕·马斯洛(Abraham Maslow)问道:"一个社会又能容许多好的人类天性?"可持续革命将首先是集体转向容许人类最好的天性而不是最坏的天性得到表达和哺育。

　　选自[美]德内拉·梅多斯、乔根·兰德斯、丹尼斯·梅多斯:《增长的极限》,李涛、王智勇译,机械工业出版社 2013 年版,前言、第 9、117、189～190、238、261 页。

版权说明

1. 本系列丛书所有选编内容,均已明确标明文献来源;

2. 由于本系列丛书选编所涉及的版权所有者非常多,我们虽尽力联系,但不能完全联系上并取得授权;

3. 如版权所有者有版权要求,欢迎联系我们,并敬请谅解。

本丛书编委会

(复旦大学马克思主义学院,上海,邮编200433)

2020 年春